U0507798

技术推动力

京津冀高技术产业集群
人才流动及配置策略

边婷婷 / 著

电子工业出版社
Publishing House of Electronics Industry
北京·BEIJING

内 容 简 介

本书通过系统的调查研究，全面梳理了京津冀高技术产业集群人才流动的现状，从经济、社会、资源等层面分析和总结了京津冀人才流动的特点及其存在的问题，并深入分析了问题产生的原因，提出了具有建设性和可行性的建议。在此基础上，本书构建了京津冀人才流动理论模型，提出了人才流动的实现途径，并对京津冀人才资源配置、人才流动及人才一体化进行了全面的规划和设计，从而为京津冀人才发展政策的制定提供参考。

本书适合从事产业政策规划的人士阅读，也可作为相关专业的教材或教学参考书。

图书在版编目（CIP）数据

技术推动力：京津冀高技术产业集群人才流动及配置策略 / 边婷婷著 . —北京：电子工业出版社，2022.7

ISBN 978-7-121-44383-1

Ⅰ. ①技… Ⅱ. ①边… Ⅲ. ①高技术企业－企业集群－人才流动－配置－研究－华北地区 Ⅳ.①F279.244.4

中国版本图书馆 CIP 数据核字（2022）第 181104 号

责任编辑：田宏峰
印　　刷：北京天宇星印刷厂
装　　订：北京天宇星印刷厂
出版发行：电子工业出版社
　　　　　北京市海淀区万寿路 173 信箱　　邮编：100036
开　　本：720×1000　1/16　　印张：13.75　　字数：185 千字
版　　次：2022 年 7 月第 1 版
印　　次：2022 年 7 月第 1 次印刷
定　　价：98.00 元

凡所购买电子工业出版社图书有缺损问题，请向购买书店调换。若书店售缺，请与本社发行部联系，联系及邮购电话：（010）88254888，88258888。

质量投诉请发邮件至 zlts@phei.com.cn，盗版侵权举报请发邮件至dbqq@phei.com.cn。

本书咨询联系方式：tianhf@phei.com.cn。

前　言

技术的进步与创新是促进一个国家经济发展的重要力量。技术的核心创造者是人才，人才流动模式是人才理论研究的重要内容，也是当前理论界研究的热点。京津冀高技术产业集群人才流动和资源配置，不仅涉及京津冀三地，更成为国家高技术产业集群人才发展的重要部分。

京津冀三地的人才工作领导小组于 2017 年联合发布了《京津冀人才一体化发展规划（2017—2030 年）》（以下简称《规划》）。《规划》是我国首个跨区域的人才规划，是首个服务国家重大战略的人才专项规划，也是京津冀三地联手打造区域人才竞争优势、支撑协同发展和产业转型升级的重要举措。

京津冀协同发展正处于重要时期，推进京津冀人才一体化已成为人才资源优化配置和区域协调发展的基本策略。由于京津冀三地在经济发展水平和人才资源结构上存在较大的差异，因而京津冀人才一体化面临着众多问题。这就要求通过统筹协调人才发展战略规划，完善政策协调与制度衔接机制，以柔性引才引智为主，建立京津冀人才共享合作联盟，形成优势互补的人才流动格局。基于此，本书对京津冀高技术产业集群人才流动及配置策略展开论述，以便服务于京津冀区域经济一体化。

京津冀协同发展是面向未来打造新的首都经济圈，推进区域发展体制机制创新的需要；是探索完善城市群布局和形态，为优化开发区域发展提供示范和样板的需要；是探索生态文明建设有效路径，促进人口经济资源环境相协调的需要；是实现京津冀优势互补，促进环渤海经济区发展，带动北方腹地发展的需要。因此，需要京津冀三地坚持优势互补、互利共赢、扎实推进，加快走出一条科学持续的协同发展道路。

　　本书通过系统的调查研究，全面梳理了京津冀高技术产业集群人才流动现状，从经济、社会、资源等层面分析和总结了京津冀人才流动的特点及其存在的问题，并深入分析了问题产生的原因，提出了具有建设性和可行性的建议。在此基础上，本书构建了京津冀人才流动理论模型，提出了人才流动的实现途径，并对京津冀人才资源配置、人才流动及人才一体化进行了全面的规划和设计，从而为京津冀人才发展政策的制定提供参考。

　　本书以京津冀高技术产业集群人才作为研究对象，对京津冀高技术产业集群人才流动及人才资源配置展开了较为深入且系统的研究，建立了一套可量化、可操作的京津冀高技术产业集群人才流动及配置模型，希望能对推进京津冀协同发展有所助益。

　　本书的出版得到了北京联合大学的资助，在此表示感谢！作者在编写本书时参考了国内外相关学者的文献，在此表示诚挚的感谢！

　　由于作者水平所限，本书可能存在诸多不足，敬请广大读者批评与指正。

目　　录

第 1 章

高技术产业集群与人才流动

京津冀高技术产业集群人才流动及配置策略是在分析区域经济一体化下人才流动所产生的影响的基础上提出的配置策略。本章主要围绕区域经济一体化、人才流动介绍相关的理论基础，并对相关的文献进行梳理。

1.1　产业集群与高技术产业集群概论

1.1.1　产业集群概论

哈佛大学策略管理学教授迈克尔·波特（Michael Porter）在《国家竞争优势》中正式提出了"产业集群"的概念，并在 1998 年出版的《集群与新经济竞争》中对"产业集群"进行了较为系统的阐述。迈克尔·波特对产业集群的定义是：一组具有地理邻近度的企业或机构，同时还包括上游供应商、下游销售渠道、其他附属部门和外部环境。产业集群作为推动地区经济发展的一种重要手段，受到越来越多的学者的重视，无论在理论上还是在实践上都取得了很大的进步。

1）产业集群的内涵

阿尔弗雷德·马歇尔（Alfred Marshall）在《经济学原理》中首次对产业区的概念进行了阐释，并将其定义为专门的产业集聚地区。从 20 世纪 80 年代开始，产业集群逐渐成为国内外专家关注的焦点，而由于产业集群本身的复杂性，以及不同学者的视角，使得产业集群有不同的分类方式。按照迈克尔·波特的观点，产业集群是一种在地理位置上相对集中、在某个区域相互联系的机构和公司的结合。产业集群是由若干互相联系的企业和其他有助于提高企业竞争力的实体组成的。此外，产业集群还包括可以提供信息化研究、专业培训和应对措施等服务的机构与政府。Pim den Hertog 从产业集群功能的角度出发，将产业集群定义为：为了获得新的互补技术、从互补资产和知识联盟中获得收益、加快学习过程、降低交易费用、克服或构筑市场壁垒、取得协作经济效益、分散创新风险，相互依赖性很强的企业、知识生产机构、中介机构和客户通过增值链相互联系形成的网络。

2）产业集聚的形成机制和竞争优势

（1）产业集群的形成机制。国外学者对产业集群的形成进行了较深入的探讨。阿尔弗雷德·马歇尔在 1920 年首次提出了企业内外规模经济的概念，指出了企业集群形成的根源在于企业的外部规模经济。乔斯·阿尔伯斯（Jos Albers）和乔斯·刘易斯（Jose Luis）对意大利的萨索洛地区已形成产业集群的 53 个陶瓷企业进行了深入的调研，得出了产业集群的形成依赖于环境资源的结论，认为规模经济、政府引导与知识溢出等机制对环境资源依赖性程度高的产业集群的形成起着至关重要的作用。Frank B 和 Mauresth P B 对德国信息技术产业集群的形成进行了深入的研究，认为创新能力强的地区和较大的城市是信息技术产业的集聚中心。

（2）产业集群的竞争优势。国外学者从不同的视角对产业集群的竞争优势进行了分析。迈克尔·波特（2002）认为，产业集群的出现有助于提升集群区域的竞争能力。Tesuji Okazaki 和 Yutaka

Arimoto 对日本的丝卷产业进行了深入的分析，认为很多企业都会选择将工厂建在一个基础设施更好的地方，这样就可以充分利用当地的劳动力和资源，从而提高生产效率。

1.1.2　高技术产业集群概论

高技术产业集群是指高技术产业在高技术领域中不断聚集、逐渐壮大而形成的一种空间创新，是指在某一特定地点、某一高技术领域中相互关联的组织或企业的集合，形成了一个相对完整、外围支撑体系较为完整、充满生机的有机体系。

1）高技术产业集群的形成机制

Oakey R P 和 Cooper S Y 认为，企业间的物质联系能够降低整体成本，但是，高技术产业集群的形成不能简单地用物质联系来解释。高技术企业的基本前提是拥有大量熟练的蓝领工人和白领工人。所以，与劳动力成本相比，高技术企业更应该注重劳动力的效率和质量。即使拥有高质量和高效率劳动力的地区为数不多，但高技术企业也会优先选择这些地区，从而形成一个产业集群。

斯科特在 1993 年提出，高技术产业集群形成的决定性因素是劳动过程。弗朗克（Frank Wilkinson）与戴维德（David Keeled）强调了高技术产业集群的学习体系对中小型企业创新的重要性，认为企业具有强大的创新能力是其成为高技术企业的必备条件。

2）高技术产业集群的创新

Nunzia 认为，高技术产业集群的核心竞争力在于其自身的技术创新，而技术创新能力也是其持续发展的重要力量。Ma L 和 Yue F（2010）认为，在高技术产业集群中，通过知识外溢和创新通道，可以提升高技术产业的创新效率，促进高技术产业的长远发展。Xie ZY（2011）采用主成份分析方法，得出了高科技开发区和产业集群具有一定的关联性，具有产业集群的开发区在创新和技术研究方面比没有产业集群的开发区要高得多，这表明了产业集群有利于促进区域经济发展。

Tsai（2005）认为，高技术产业集群是在风险资本制度、创新研发机构、高科技投融资机制、供应链网络的管理、国际价值链的金融服务系统以及物流、仓储系统的综合作用下产生和发展的。王彭（2011）采用 AHP（Analytic Hierarchy Process）方法对高技术产业集群的技术扩散进行了分析，并对其进行了评价，认为高技术产业集群能够有效促进高技术产业的可持续发展，从而促进区域经济的整体发展。

1.2 区域经济一体化的相关研究

1.2.1 区域经济一体化的内涵

余怡、张继成（2022）认为区域经济一体化是指两个或两个以上地理位置相邻近的国家或地区，为了保护其经济利益而逐步让渡一部分甚至全部的经济主权，降低和消除彼此之间的贸易壁垒，在经济上联合起来，通过相互的磋商，结成统一的经济联盟，促进资源的优化配置，从而建立产品、资本和人才等多个方面可自由流通的跨国、跨区域经济体的过程。

刘迎红、李欣（2022）认为区域经济一体化也可以称为区域经济集团化，是两个或更多区域实行统一的经济政策，并组成专有的经济集团。通过协调、谈判、合作等方式，实现各种空间主体的自由流动、互惠互利，从而消除贸易壁垒。在当前的经济体制改革中，区域协同发展的格局正在逐步显现出来。区域经济的协同发展，主要表现为区域分工协作、区域经济互联互通、区域经济运行新机制的构建。区域经济互联互通是区域经济一体化的重要组成部分，因此，要实现区域经济一体化，必须以调整产业链和供应链为突破口，形成分工合理、竞争力强的区域产业整合。为了实现区域经济的协同发展，必须破除现有的行政壁垒，实现区域资源的整合，发挥自身的发展优势，推动区域经济一体化。

陈婉玲、陈亦雨（2021）认为，一个国家内部的区域经济一体化是指在地理位置上相邻的区域，通过制度安排或非制度安排，实现生产要素的充分自由流动，以及优化配置，从而达到提高总体经济效益的目的，形成一个具有强大外部竞争力的统一市场。经济整合包括两个层面：一个层面是市场中经济要素的自由流通；另一个层面是其他区域的企业不受任何区别对待。没有国家之间的关税壁垒，商品、劳务、资金等可以自由流通，全国统一的市场只是一种应然的状态，不存在国家内部的经济整合问题。

Li Y M 等人（2018）认为，无论在发达国家还是在发展中国家，区域经济一体化已成为国家规模经济和比较优势的主要趋势。Farhad（2020）认为区域经济一体化是促进稳定、应对区域挑战和提高经济增长率的最有效途径之一。加强亚洲不同的次区域合作和一体化，可为消除贫困、实现包容和可持续发展提供巨大的潜力，但进一步的整合仍然存在障碍。致力于"多元一体"的意愿对于克服这些障碍很重要，这需要接受文化、语言、社会、宗教和政治等方面的差异。这种复杂的统一已经在欧盟（EU）和其他地方实现了。目前，在大多数的亚洲次区域，这种经济一体化的政治野心很少。这意味着，亚洲需要采取比其他区域更为谨慎的做法。然而，通过研究欧洲的背景，我们可以获得更好地促进经济一体化的宝贵经验。

首先，区域经济一体化要确保各方利益的最大化，为此需要进行全面合作，以发展有效和统一的区域商业环境。

其次，需要一个没有贸易壁垒、发展良好的基础设施，但亚洲各次区域（如中亚和南亚）缺乏基础设施，阻碍了贸易机会。获得资金的困难也是一个主要障碍，基础设施融资在这方面的作用非常重要，与伙伴国的公开接触也可以发挥关键作用。在欧盟，欧洲投资银行为欧盟内部项目提供了公平的融资机会。

第三，在过去的 30 多年，欧洲涌现出了不同的制度机制，为区域经济一体化奠定了基础。

1.2.2　区域经济一体化的形成机制

1）市场机制

覃成林（2005）认为，从宏观层面来看，一体化通过更为畅通的市场调节和组织的内部协调，能够促进区域之间更有效地开展专业化分工，降低区域之间的无效竞争。因此，协调机制的基本内容和区域经济一体化形成的首要条件是区域之间在分工的基础上建立合作。

王瑛（2005）从区域之间的经济关系出发，提出了促进区域经济一体化的市场机制：一是商业流动的集聚效应与扩散效应；二是"多赢"的产业转移协作；三是区域分工协作的专业化生产；四是自由市场的贸易一体化。

2）政策机制

李建勇（2006）认为，推进区域经济一体化必须建立政府协调机制，首先应该明确中央政府和地方政府各自的职责；其次，政府职能应规范化和法律化，并建立对地方政府行为的监督机制；最后，要建立跨区域的协作组织。

周国华等人（2001）认为，政策机制包括基础设施建设、区域政策、户籍政策及行政区划调整。

3）投资、规划机制

周国华等人（2001）运用关联分析的方法对区域经济的投资机制进行了研究，得出了国有经济仍在区域经济增长和城镇化进程中居于主导地位，民间投资正日益成为区域经济增长和城镇化进程重要动力的结论。

孙大斌（2003）从产业规划的视角对区域经济一体化形成的动力机制进行了研究分析，提出产业集群化必然会导致区域间存在分工；产业梯度转移是实现区域经济一体化共赢的合作动力；产业融合化发展趋势可以加快区域经济一体化；产业生态化发展可以解决工业化发展带来的负外部性，实现区域经济可持续发展。

夏丽萍（2005）对长三角经济圈进行了分析，认为新经济产业是区域经济一体化形成和发展的重要支撑。新经济产业包括高技术产业、金融、保险、咨询等高等级服务业，以及基础产业。

4）政府绩效考核机制

段志强和王雅林（2006）认为，在目前的地方政府绩效考核体制下，地方政府追求的是自身利益最大化，从而难以形成地方保护主义制度化的合作机制。

李建勇（2006）认为，利用行政手段来治理利益冲突，最主要的方法是建立科学发展观的理念，建立健全科学的地方政府及官员的政绩考评制度，并对政绩考评制度的评价方式和程序进行了总结归纳。

5）利益补偿机制

由于区域经济发展的不平衡性，在区域经济一体化的过程中必然会对部分区域的利益产生一定的影响。李瑞林、骆华松（2007）指出，站在政府的角度来看，区域经济一体化首先带来的问题是利益分配，当双方合作后的利益大于合作前的利益，但一方利益的提高小于另一方，那么另一方将会采用政治抵制的方式，只有共同提高合作双方的利益，双方才可能主动地进行合作。区域经济一体化并不是平均所有的区域，对于利益受损的区域或暂时由于区域经济一体化的实施而延缓了经济增长的区域，应采用多种形式来补偿利益。

6）立法机制

李建勇（2006）就如何运用立法机制来平衡利益冲突、预防利益冲突，以及利用司法制度来解决区域间利益冲突的方法进行了探索。首先是要建立规范中央政府和地方政府关系的法律体系；其次是利用法律约束地方政府不合理的经济活动。

1.2.3　区域经济一体化的形成途径

随着城市功能的重新定位、政府职能和市场经济体制的健全、产业结构及空间形态的调整，使城市的功能空间从原来的"点"，向更大范围、更多层次的"面"发展，呈现出城市区域化的趋势。城市的空间规模或作用域在客观上形成了以中心城市和周围城镇为主体的都市圈，并形成了现代城市发展的新的空间单位。在此基础上，都市圈的形成也是一个区域经济一体化的发展历程。都市圈是指以中心城市为核心，以发达的联系通道为基础，促进城市间的联系与合作，促进城市与社会的联系，从而带动周边地区的经济发展（张伟，2003）。都市圈是以经济、社会和生态联系为核心的综合性区域，但通常并不是完整的行政区划。推动都市圈的发展，以及都市圈的整合，需要跨区域、跨地方政府的协同配合。

张伟（2003）、高汝熹（2006）、李璐、季建华（2007）等人从都市圈的空间范围、界定标准、评价指标等方面，对都市圈的形成进行了探讨。

袁家冬、孙振杰等人（2005）从空间结构上将都市圈分成三个圈层，分别是核心圈、外围圈和机会圈。

董晓峰（2005）提出都市圈发展的四个阶段，分别是雏形期、成长期、发育期和提升期。

彭际作（2006）根据都市圈的形成与发展进程，总结了空间结构在四个阶段的表现，分别是中心指向型（极核型）、中心-周边双向指向型（点轴型）、水平网络化（多核多中心型）和社会经济联系（一体化的社会经济实体）。

1.2.4 区域经济一体化的兴起原因

新一轮的区域经济融合大潮之所以如此浩大，是有其深刻的政治和经济原因的。造成这一现象的经济原因主要有以下两点：

（1）世界范围内市场化改革的日益深化，为区域经济一体化的发展奠定了基础。在新的技术背景下，不同国家和地区间的分工相互依存，生产社会化、国际化程度不断提升，使得生产、流通和经济活动不断超出国界。这就必然需要破除经济国际化在市场与制度方面的壁垒。当今世界，越来越多的国家都意识到，只有选择市场经济体制，才能加快本国经济发展的速度、提高经济运转的效率和增强国际竞争力。通过改革，各国消除了商品、生产要素、资本和技术等在国家之间流动的经济体制方面的障碍，促进了区域经济一体化。

（2）世贸组织多边贸易体制本身的局限性，以及近年来多边贸易谈判中所遇到的各种困难和挫折，促进了区域经济一体化。尽管世贸组织是推动贸易自由化和经济全球化的重要力量，但它本身规模巨大、运作过程烦琐，按照世贸组织"一揽子接受"的模式，世贸组织的成员在各个问题上的商议谈判只有在一致同意的基础上才能进行，这就决定了短期内在全体成员之间协商和化解某个问题不是一件容易的事情。例如，2001 年 11 月在多哈发起的首轮多边回合谈判一直困难重重。多边贸易谈判的不确定性，为双边和区域性贸易带来了发展的空间和机会，并为其在国际市场中的竞争开辟了新的途径。此外，由于区域经济一体化组织的成员往往地理位置相近、政治制度相似、生产力发展水平相一致和文化历史背景相近，因此在经济合作的开展上有着许多优势。

区域经济一体化的政治原因之一是为了本区域的和平、发展和稳定，主要包括以下四点：

（1）寻求政治和解，缓和矛盾，实现区域稳定。世界银行的调查显示，区域贸易协议不仅可以促进贸易的流动，还可以有效地解决政治冲突。欧洲合作的最初动机和终极目的都和政治有关。欧洲人民在经历了两次世界大战后，认识到不能通过战争解决问题，只有通过合作、一体化与联合，欧洲的长期稳定、安全与发展才能得以实现。当前，欧洲各国通过经济合作实现了和平发展和大欧洲联合的愿望。在亚洲，东亚各国的领导人于 1999 年共同发表了《东亚合作联合声明》，明确提出了开展政治、安全对话与合作的议题。另外，缓和印度与巴基斯坦的政治关系也与南亚自由贸易区协议的谈判密切相关。非洲的一些国家政局长期动荡不安，而多数国家的经济发展水平较低，因此 2002 年成立了非洲联盟，旨在通过政治、经济合作促进区域稳定和经济的不断发展。

（2）推进国内体制的改革。部分发展中国家和转轨国家将区域贸易协议视为一种机制，用于实现贸易自由化或国内体制改革，也就是通过对外的条约责任和切实的承诺来推动国内体制改革。20 世纪 90 年代，以此推进向市场经济转型的过程就是东欧国家与欧盟签署区域贸易协议的一个目的。

（3）在区域层面上寻求政治上的保护措施，以便和其他区域集团抗衡。这是世界大国加紧组织和巩固区域经济集团的重要动力与原因之一。美国参与的跨区域的亚太经合组织，旨在对抗日益壮大的欧盟。而欧盟则想成为一个更加强大的整体，以一个强有力的声音在世界范围内与美国、日本等国家竞争，不但在自家门口加紧扩张了对外经济，还在拉丁美洲、亚洲等地积极进行经济合作，并且还提出并致力于"大欧洲自由贸易区"的设想。日本在亚太地区大力推进"雁阵模式"，巩固和拓展"东亚经济圈"，并通过多种手段进入欧美腹地，以期获得联合国安全理事会常任理事国的席位。俄罗斯依靠独联体，已成立或正在建设若干区域经济集团，例如独联体国家经济联盟、欧亚经济共同体等，以此来巩固和强化俄罗斯的实力和地位。东盟通过强化内部的协调和协作，在世贸组织、联合国贸易和发展会议等多边经济组织中表达了自己的意见，从而保护自己不断增长的利益。

（4）主体性政治价值观的传播。"9·11事件"后，美国将打击恐怖主义作为国际战略之一。2003年5月伊拉克战争结束后，美国主动提出与中东地区国家在2013年之前建立自由贸易区的倡议。舆论普遍认为，美国这次行动的真实目标是要在这个区域实行一个美国式的民主体制。

1.2.5　区域经济一体化的发展进程

区域经济一体化的开端可追溯到比利时和卢森堡于 1921 年成立的经济同盟，荷兰后来也加入了这个同盟，形成了比荷卢经济同盟。1932 年，英国和英联邦的各成员共同组成了英帝国特惠区，各成员之间相互减让关税，但对非英联邦成员的国家和地区仍然保持着原来较高的关税，从而构成了一种特惠关税区。第二次世界大战之后，经济一体化发展迅速，形成了三个明显的阶段。

1）第一次发展高峰发生在 20 世纪 50～60 年代

尽管区域经济一体化的雏形可以追溯到比利时和卢森堡于
1921 年成立的经济同盟。但在第二次世界大战后，区域经济一体
化才真正形成并开始迅速发展。第二次世界大战后，全球经济格局发
生了巨大的变化，世界政治和经济的不平衡发展，涌现了大量的发
展中国家，使得区域经济一体化迎来了第一次发展高峰。

2）20 世纪七八十年代初期区域经济一体化处于停滞不前状态

20 世纪 70 年代西方国家经济处于"滞胀"状态，区域经济一
体化也随之处于停滞状态。在此期间，欧洲经济共同体所制定的整
合方案未能得到充分实施，而发展中国家尝试进行的一体化，却没
有一个能够完全实现。就拿欧洲经济共同体来说，由于两次石油危
机，布雷顿森林体系崩溃，全球经济衰退，日美之间的贸易摩擦不
断增加，欧盟各成员国采取了各种非关税壁垒来保护自己的经济贸
易，使得欧盟在第一个阶段的成果基本消失，经济发展也出现了大
幅下滑。

3）20 世纪 80 年代中期以来区域经济一体化的第二次发展高峰

20 世纪 80 年代中期以后，尤其是进入 90 年代后，世界政治经
济格局出现了巨大的变化，西方发达国家在抑制通货膨胀和控制失
业率方面取得了巨大的成就，经济发展促进了区域经济联合，明显
加强了区域经济一体化趋势。这次高峰出现的机会是 1985 年欧洲经
济共同体关于建立统一市场的"白皮书"，该"白皮书"制定了 1992
年统一大市场的建设内容和时间安排。欧洲经济共同体取得的重大

突破，具有很强的示范作用，对其他区域的经济一体化起到了很大的促进作用。

1.2.6 区域经济一体化的测度方法

现有的与区域经济一体化相关的测度方法有两种：

（1）从市场一体化的视角（如贸易法、相对价格法、生产法等）进行研究。例如，王晓芳等人（2018）运用了相对价格法对长三角地区的商品价格变动进行了测度，并利用该指标对长江经济带的经济一体化程度进行了评价。Xu（2002）利用误差分量模型，将各省的实际增加值分为国家效应、行业特定效应、省份特定效应，并对我国各省的区域经济一体化模式进行了研究。

（2）从经济收敛角度进行研究。例如，吴俊等人（2015）运用Bro 趋同性回归方程测度长三角区域经济一体化范围扩大后边界效应的变化，进而探究区域经济一体化扩容的政策效应。

除了上述两类方法，经济周期协同性可能是一个更加合适的、测度区域经济一体化的方法。其理论逻辑在于：当区域经济一体化水平较高时，区域内的城市间有深入的产业分工体系、紧密的经济联系，外部冲击很容易对区域内的城市经济造成系统性的影响，导致城市经济波动，表现出周期协同的特征。

宋涛、郑挺国（2014）借助马尔可夫区制转移模型测度我国经济周期协同性，并分析了我国经济周期的阶段特征及与国家经济周期的联系。

黄玖立（2011）采用省份之间的相关系数作为衡量周期同步性的指标，发现改革开放前后我国的区域一体化呈明显的"先下降、后上升"的"V形"特征。

1.2.7 区域经济一体化的理论述评

根据王德忠（2009）的研究结果可知，区域经济一体化理论源于关税同盟理论，把规模经济、不完全竞争和国际贸易的非关税壁垒等理论结合起来，并引入关税同盟理论中，从而形成和发展了区域经济一体化理论。目前，我国区域经济一体化的理论主要借鉴了国际区域经济一体化理论的概念内涵、理论基础、形成机制、基本模式，并进行了总结和发展。但是，国际区域经济一体化受国际关系、社会制度、经济体制等因素的影响较大，关税同盟、自由贸易区、共同市场等国际区域经济一体化理论并不能完全适用我国区域经济一体化的实践。

国际区域经济一体化理论还需要进一步完善与发展。从 1952年成立的欧洲煤钢共同体，到如今的欧盟、APEC、北美自由贸易区，国际区域经济一体化是经济全球化发展的必然过程，但区域经济一体化理论本身还存在一定的缺陷。例如，很多学者对区域经济一体化的模式都进行了定性的研究，还没有形成定量、规模的研究；区域经济一体化的实践往往只是一个区域的平衡，而不是整体的平衡；某个国家在加入区域经济一体化组织后所获得的效益或成效评估并不明确等。目前的国际经济竞争格局给国际区域经济一体化的理论与实践带来了更大的发展空间，在理论研究上，除了补充和完善基本理论，还涉及产业经济、战略经营、社会福利等更多的领域。从实践来看，还要关注区域间的贸易协议、贸易条件、区域经济一体，以及构建区域经济一体化程度的测度指标等方面。

　　国际区域经济一体化理论的研究还存在局限性。目前比较成熟的国际区域经济一体化理论，主要建立在发达国家经济一体化的基础上，是完全的市场经济理论。在发展中国家，由于不完全的市场经济或计划经济，这些国家的参与目的、动机和模式都与发达国家有很大的差异。例如，作为发达国家区域经济一体化的一个成功实践，欧盟的一体化程度和规模都已经达到较高的水平；而北美自由贸易区是发达国家和发展中国家合作的一体化模式，其成员间的贸易摩擦更为复杂，至今尚处于初级阶段。关于发展中国家区域经济一体化的问题，国内外学者已进行了理论层面的探讨，但还需要在实践层面上进行探讨。例如，库马塞尔的"大国"模式理论、约翰逊等人的公共物品与公共偏好变量理论、劳尔·普雷维什的"中心-外围"理论、小岛清的"雁阵模式"理论，以及李斯特的发展中国家（较落后国家）"小国"模式的区域经济一体化理论等。

　　国内区域经济一体化理论的研究还不成熟。在一个主权国家的各个区域，尽管没有关税壁垒，但由于自身社会制度、政治环境、政策等方面的差异，使得其在国际区域经济一体化中存在巨大的差异。从我国区域经济一体化来看，无论在理论上还是在实践上，都是比较薄弱的，还未形成统一的体系。关于区域经济一体化的基本概念、内涵、特征，学者们从不同的视角进行了讨论，但没有一个统一的规范和研究方向。区域经济一体化目前还处于建立市场机制、宏观政策调控、相关法律法规等方面的探索阶段。区域经济一体化的发展道路应当按照区域区位、经济发展状况、政策环境等因素来确定，并在此基础上进一步完善都市圈的理论。在研究方法上，区域经济一体化的研究大多是定性的研究，量化的研究很少，缺少一个具体、全面的指标评估系统。

1.2.8　区域经济一体化的实证研究

学者们对区域经济一体化做了大量的实证研究。牛少凤等人（2022）采用了价值法来估算长三角区域经济一体化的指数，发现一体化指数呈波动下降的趋势，长三角各地之间的经济联系也呈现明显的阶段性特点，证明该区域的经济融合在不断扩大和深化。根据牛少凤等人的研究结果可得知，上海市在长三角地区的领头羊地位已经减弱，没有得到应有的发展。上海市的经济因其自身的结构性矛盾，受到2008年金融危机的严重影响，后期的经济恢复也相对缓慢，使其领头羊作用的发挥受到了限制。由于江苏省和浙江省在地理区位上的优势，获得了上海市高速发展的"溢出效应"，这两个省份保持了高速增长。江苏省的科研投资对经济的有效发展起到了很好的支持作用，其科技创新能力常年居全国第一，在长三角地区的经济活力是最大的。浙江省的经济体制改革取得了显著成绩，政府职能转变加速，经济发展势头强劲。安徽省是我国重要的农业、能源和原材料基地，具有独特的区位条件和丰富的资源，是长三角区域经济一体化的重要组成部分。安徽省的经济发展具有很大的灵活性，安徽省与其他地方的合作和融合程度也越来越高，是最直接的受益者。牛少凤等人据此提出了高质量发展长三角区域经济一体化的三点对策与建议，首先要创新长三角区域经济一体化机制，深化区域间的交流与合作；其次要破除机制障碍，构建开放型的经济发展新格局；最后要优化区域产业结构和布局，构筑现代化产业体系。

刘迎红和李欣（2022）在研究京津冀区域经济一体化时指出，影响京津冀区域经济一体化的主要因素有三个，分别是经济发展水平的差距、产业结构的差异和资源配置的差异。

首先，京津冀地区的城市之间的经济联系越来越紧密，而各个城市之间的经济发展水平却仍存在着较大的差距，仍然存在着各自为政的现象。北京市的经济发展水平较高，竞争力较强，产业结构和资源配置的优势都非常大；天津市的发展比较迅速，滨海新区作为改革试验区、创新区，是天津市经济发展的新活力与新动力；河北省的经济发展水平低于北京市和天津市，并且河北省内各个城市的发展水平也处于不平衡状态。因此，京津冀地区的各个城市之间的经济联系程度较低，并且相互的吸引力不足。

其次，京津冀地区的产业重叠现象比较严重，尤其是天津市和河北省的基础设施条件不够充足。北京市是京津冀地区的重要产业转移中心，以科技开发、信息服务和现代高技术产业为重点。天津市的发展主要集中在通信设备、电子设备等方面。河北省的经济发展水平比较低，与北京市和天津市的差距比较大。河北省内各个城市要把重点放在建设具有特色的工业、功能型城市上，充分发挥自身的资源优势和已有的工业基础。

最后，纵观京津冀地区的资源配置，北京市和天津市在信息、金融、科研、人才、技术等方面均具备明显的优势。北京市在高技术领域、科技创新能力、高等教育水平和资源集聚能力等方面居世界前列。天津市是一个具有强大工业基础和港口优势的城市。河北省在土地、矿产、劳动力等方面也有其自身的优势，但在高等教育和医药等领域，与北京市和天津市存在较大的差距。

京津冀地区的基础设施建设也有很大的不同，中央据此提出了京津冀协同发展与区域经济一体化的策略。

一是要强化区域规划，建立统筹协调机构以促进区域经济一体化，建立完善的法律、法规、体制、制度等，破除京津冀三地的行政壁垒，健全跨地区的管理方式，加强对市场的认识，建立一个具有权威的协调机构，以确保京津冀三地资源整合、分工合作、资金使用等工作的顺畅开展，为京津冀区域经济一体化建设提供有力的支持。

二是大力发展基础设施和公共服务，在国民经济和社会发展中，交通是"先行官"，京津冀三地要从全局的视角统筹发展交通运输网络。在公共服务的整合方面，要积极推行电子商务和电子政务；突出交通、能源和公共交通等公共基础设施的建设；促进社会养老事业的协同发展；共同努力，促进教育资源的共享；共同提高卫生保健的质量。同时，要建立健全社会就业、收入分配、社会福利保障等社会保障体系，并逐步实现普惠、共享。

近年来，随着京津冀区域经济一体化战略的实施，在京津冀地区形成了一个现代化的、一体化的 1.5 小时交通运输网络。同时，京津冀地区的"一卡通"也使各地之间的互联互通成为可能。当前，三地的多条高速公路、高速铁路正处于设计和施工阶段，未来将会形成安全、高效、绿色、便捷的一体化交通运输网络。

在对当前的研究热点和前沿问题进行梳理后，徐光伟和耿晋（2022）认为，区域经济一体化的研究仍有广阔的发展空间。

第一，从研究层次来看，尽管关于区域经济整合的因果关系和程度度量的理论成果较多，但其研究层次多停留在宏观、中观两个层面，实证研究多采用宏观、中观两个层面的二手资料，缺少对具体企业的统计资料和问卷调查。未来的研究可以从组织管理、战略管理等视角来探讨区域经济整合的问题。

第二，从理论角度来看，区域经济一体化的因果关系研究丰富、分析细致，不同假设和理论被不同区域、不同研究对象验证，但缺少一个能够解释不同区域、不同发展阶段、不同研究对象的理论体系。未来的研究可以动态地追踪、深化和整合现有的理论，建立一个更具说服力的理论体系。

第三，从研究的角度来看，目前已有学者针对缓解市场分割、促进区域经济整合等问题提出了一些政策建议，但大部分都是基于规范的分析。在此基础上，可以将当前的前沿动态仿真与计算机模拟技术结合起来，对区域经济一体化的干预政策进行分析与预测。

很多学者认为，基础设施建设不仅对区域经济一体化的影响是非常大的，对贸易的影响也是非常大的，加强基础设施建设可以缩短贸易时间、破除贸易壁垒、降低贸易成本、提高贸易效率等。

Behrens（2004）认为基础设施建设水平越高，就越能获取更多的国际贸易，推动经济的平衡发展，讨论并证明了基础设施在国家贸易甚至在国际区域经济一体化中所发挥的作用。

Shepherd 和 Wilson（2007）对道路在贸易量中的影响进行了研究，得出了"道路升级可以增加30%的贸易总额"这一结论。

Francois 等人（2009）通过建立重力模型，对交通和通信等基础设施在国际贸易中的影响进行了实证分析，结果表明，在发展中国家，交通基础设施对贸易的影响更大；而在发达国家，通信基础设施对贸易的影响更大。

Ishise 和 Matsuo（2015）通过引入边界效应模型，对美国与加拿大两国边界效应在贸易中的影响进行了分析，并以此来衡量美国和加拿大之间的一体化程度。世界银行（2019）利用地理资料对191个国家的交通时间及交易费用进行了统计，结果显示，"一带一路"基础设施的完善可以使沿线国家的平均交通时间减少 3.2%，总交易费用降低 2.8%。与此同时，也可以使非沿线国家的平均交通时间减少 2.5%，总交易费用降低 2.2%。

我国学者在分析基础设施建设对区域整合的影响时，主要采用的是重力模型，得到的基本结论是基础设施建设对区域整合起着积极的推动作用。

刘生龙和胡鞍钢（2011）将交通基础设施纳入重力模型，探讨了中国各个省份之间区域经济一体化的特点。

刘育红、王曦（2014）利用重力模型，对我国在"丝绸之路经济带"沿线区域的 17 个主要城市的交通基础设施建设情况进行了分析。

梁双陆和张梅等人（2016）利用边界效应来衡量基础设施联通方式对我国与邻国的贸易边界效应的影响，指出了不同的联通方式可以不同程度地减少边界屏蔽效应，因而基础设施的建设存在优先次序问题。

何敏（2020）应用边界效应和重力模型，对我国和"一带一路"区域经济一体化的基础设施（包括交通、能源、通信）联通方式的具体贡献进行了实证分析。

从整体上讲，国内外关于区域经济一体化的文献资料十分丰富，涉及的范围也比较大，从不同的角度、使用不同的研究方法对区域经济一体化的各个层面进行了深入的探讨，并取得了许多有益的成果，但仍然存在着一些缺陷和不足，有待改进。

（1）目前的区域经济一体化研究缺乏完整的理论体系。根据国内学者对区域经济整合的研究，可以将这些研究分为三大部分。第一部分对区域经济一体化的概念进行借鉴和演绎，着重论述区域经济一体化与经济全球化之间的联系，并对推动和阻碍区域经济一体化的因素进行了分析。第二部分利用国际经济学、制度经济学、政治学等相关理论，对区域经济一体化的发展、制度演进、社会经济影响进行深入的研究。第三部分从多个视角对国外区域经济整合的经验进行归纳和说明，并结合长三角地区和其他地区的案例进行实证研究。在目前的文献中，关于区域经济一体化的全面研究尚无一个全面的理论体系，因而需要运用较为完备的理论系统来对其进行全面的论述。

（2）对区域经济一体化的研究缺乏系统性。在区域经济一体化对经济增长的影响等重大问题上并未形成一致的意见，更没有权威的意见。从已有的文献来看，区域经济一体化对发展中国家经济增长的影响，目前尚无清晰的研究思路。

（3）国内外关于区域经济一体化的理论研究不足。国内外学者对区域经济一体化的研究主要集中在关税联盟的理论层面，而对贸易、投资和区域经济的内在机制的研究还很少。尤其是区域经济一体化背景下的贸易模式问题，在现有的实证分析基础上，对相关的理论进行阐述，这是十分必要的，目前国内外文献中对区域经济一体化的理论研究还不充分、不系统。

1.3 人才流动的相关研究

1.3.1 人才流动概述

人才流动通常是指企业人才的流动，包括人才的流出、流入，以及在企业内部的转岗。人才流动对企业人才资源配置具有较大的影响。通过人才流动，可以使整个团队保持工作活力和效率（刘月，2021）。

刘丹（2021）认为人才流动是指企业人才的流出、流入，以及在企业内的转移。通过人才流动，可保持对人才的高效使用，从而使整个团队的活力和生产力得到充分的保障。而人才流动则是指人才在工作岗位、企业、地域、行业等方面的过渡，即由原来的工作环境向另一种工作环境的过渡。实际上，这种变化是基于社会需求和价值规律而进行的空间调整。

人才流动包括人才工作地点、人事关系或隶属关系的变动，以及人才知识的流动，如挂职、兼职、短期工作、科研、项目合作等。人才流动是一种相对的状况，其本质是人才资源的优化配置，是以制度为基础的人才自由流动。以制度为基础，建立健全的人才流通体制，促进创新创业，从根本上讲，就是要解决好人才流动的需求、平衡性、公平性问题（李学明，2021）。

从政策调控的视角来看，改革开放以来，人才流动的政策已经逐步完善，包括通过宏观调控、市场、项目和工程来促进人才流动的政策。

从市场配置的视角来看，在我国经济社会的发展过程中，市场化配置人才的地位与作用在各个地区存在很大差距，但市场主导的作用日益凸显（李学明，2019）。

国内学者对人才流动与集聚问题进行了研究，并对影响人才流动的因素进行了深入探讨，以便更有效、更准确地引进人才。王全纲等人（2017）认为，高层次人才的流动和集聚主要由人才政策决定，而在世界范围内的各种政策的制定和执行，则促进了世界范围内高层次人才的集聚和流动。

郑巧英（2014）提出，要在国外建立一个集信息存储、联络、发布和共享等功能于一体的国际人才市场，以推动世界顶级人才的交流和合作。

刘兵等人（2017）认为，经济环境（特别是产业结构、产业链等因素）对区域内的人才流动产生了重大的影响。

孙蕊（2015）指出，我国产业集群的发展水平、产业链的完整性与配套性、产业集群的规模与发展速度等因素对人才的吸引具有重要的作用。

汪志红等人（2016）认为，便利的交通运输和公共服务可以提供高质量、舒适的居住条件，促进高层次人才的流动。

周扬（2011）建议，健全城市基础设施，能为人才的集聚创造更好的条件，从而减少居住成本。

张美丽等人（2018）认为，区域开放有利于更好地吸引更多的人才。

Yu C M（2019）认为，人才是经济发展的关键，是国家竞争力的重要资源。人才具有很强的流动性，一个更有才能的人才会表现出了更高的流动倾向，以应对更好的经济机会。

Yue M L 等人（2020）认为，了解人才流动的特征，对人才培养、人才结构优化、人才政策制定等具有重要的意义。基于国家自然科学基金资助的杰出青年学者的学术生涯数据，Yue M L 等人考察了我国人才的流动，从时间、地域和制度三个方面研究了人才流动的特征。研究发现：超过 40% 的杰出青年学者有过流动经历，流动"速率"在其学术生涯的第 5～10 年达到最高。

1.3.2　人才流动的生态机理

龙梦晴和邹慧娟（2021）从人才流动的外部动力、内部动力、束缚解除和决策取舍等方面得出了人才流动的生态机理。

1）人才流动的外部动力：竞争使人才生态位膨胀或缩小

人才生态位是指在一定的时间和空间范围内，人才个体在人才群体或体系中所处的地位，以及他与其他人才或人才群体的职能和作用。在现实生活中，人们很难实现自己的理想生态位。为了获得最大的生存空间，人们之间的竞争是不可避免的，最终的结果就是"弱肉强食"，"胜利者"将会继续争夺更多的生态位；"失败者"既可以选择顺从，也可以在新环境寻找新的生态位（生态位的压缩），从而形成流动的意愿。

2）人才流动的内部动力："态"和"势"的不平衡激发人才流动的意愿

人才的生存和发展取决于其所处的生态位。人才生态位是由"态"和"势"组成的，两者相互作用。当"态"和"势"平衡时，"态"和"势"相互配合、相互制约，在一个稳定的发展中，人才不会产生流动的意愿；在"态"和"势"不平衡时，人才的发展是不稳定的，有可能产生流动意愿。"态"比"势"更大，当"态"到达生态临界点时，人才本身所具备的能力就无法控制和使用现有的资源，从而使其丧失某些资源，导致原有的生态位被挤压。这时，就必须选择顺从或者创造一个新的生态位。"势"比"态"更低，当它达到生态位的临界点时，其所具备的能力就不能满足原有的条件，就会通过掠夺别人的资源来扩大自己的生态位。在这个时候，必然会占据其他人的生态位，或者产生流动的意愿，寻找新的生态位。

3）解除人才流动的束缚：破除障碍才会自由流动

人才流动会受到外部束缚的限制，当外部束缚较小时，人才流动的"速率"就较大；当外部束缚较大时，人才流动的"速率"就较小。只有破除各方面的障碍和壁垒，才能使人才自由流动。

4）人才流动的决策与选择："态"与"势"的协同发展提高生态位

人才流动是为了不断优化和提高自己的生态位。在破除流动障碍和壁垒后，人才会做出要不要流动、要流向哪里的决定。人才会在众多的利益中做出选择，最终选择一个能提升自身生态位的地区，朝着"态"和"势"平衡的方向发展。

1.3.3 人才流动的影响因素

莫布利等人（1979）认为，劳动力市场和各种类型的劳动力都会在一定程度上影响人才流动。

Tracey（2000）注意到，尽管对薪资的不满会导致人才流失，但这并非唯一的原因，工作环境、工作自主权、对企业的信任等都会对人才流动产生重要的影响。

Byeonju Jong 等人（2005）对波兰、匈牙利、捷克等国的劳动力市场进行了分析，认为必须妥善处理好人才流动与劳动力需求之间的关系，才能有效地降低人才流失对社会的影响。

我国的相关学者对影响人才流动的因素的研究是在 21 世纪初开始的。在宏观层面上，赵曙明（2001）认为，企业的人才资源体系是制约我国人才流动的重要因素。张华（2017）利用 SWOT 分析法对江苏省"双创型人才"的流动进行了实证分析，发现不利之处主要表现为人才流动的壁垒、经济发展的不平衡。在微观层面上，汪志红等人（2016）运用计量学的方法，对不同时期、不同规模、不同行业的人才流动进行了实证研究。

姜道奎等人（2016）从区域环境因素、组织环境因素和个人因素三个方面对人才流动的影响因素进行了分析。

首先是区域环境因素。姜道奎等人从城市环境、产业集群特征、劳动力供求三个方面对人才流动的影响因素进行了分析。在城市环境方面，宏观经济环境对企业人才的流动有很大的影响。随着失业人数的增加，人才流动会随之减少。作为一个区域经济和文化的核心——高新技术开发区、产业园区、创业孵化基地遍布在城市周围，是一个开放的创新空间，也是人才流动的载体。经济发展水平和生活水平越高，就越能吸引人才。城市环境对人才的职业发展具有十分重要的意义。另外，户籍制度改革和社会保障体系的健全，也使人才流动的壁垒变得更少。更高的开放度和包容度也会对吸引更多的人才产生正面的影响。在产业集群特征方面，具有显著地理位置的城市在工业发展中起着举足轻重的作用。实践表明，开放创新所需要的平台（如高新技术开发区、产业园区、创业孵化基地、产学研联盟等）是吸引和激励人才的重要途径。产业集群的优势主要表现在技术的积累和传播上，在产业集群中，人才可以获得更多的机遇来提高自身技术、实现自身发展。在劳动力供求方面，劳动力供给和需求是影响人才流动的主要因素。在开放的创新环境中，劳动力供给和需求对人才流动的影响更加显著。外部劳动力市场趋紧，劳动力供给将会减少，人才流动的动力也会随之减弱；反之，如果外部劳动力市场比较宽松，则劳动力供给的总量将会增长，人才流动的动力也会随之增强。

其次是组织环境因素。姜道奎等人分别从收入水平、工作本身、企业文化、工作条件四个方面对人才流动的影响因素进行了分析。在收入水平方面，在我国人才资源配置中，收入是最主要的影响因素，高工资、高福利对人才流动有很大的影响。收入也是影响人才工作积极性的重要因素，如果人才对收入不满意，就会打击他们的工作积极性，甚至会使他们选择跳槽。研究发现，影响人才流动的主要原因是收入水平。与发达国家相比，收入水平的高低直接关系到我国的人才流动。在工作本身方面，目前，工作对人才流动的影响是多方面的。工作任务是否具有挑战性、工作职责是否明确、工作任务的要求是否严格、工作计划是否详细和准确、工作过程是否具有独立性等，都将直接影响人才流动。不过，工作本身并不能决定人才流动，一个人只要具有足够的知识和技术，就可以胜任相应的职位。在企业文化方面，从广义上说，人才和企业之间的匹配体现在人才和企业价值的一致性，如企业对人才的信任程度、企业是否具备职业生涯规划、企业培训和提升是否完善等。另外，经理和人才之间的交流是否方便，也会对人才流动产生影响。在工作条件方面，开放创新型人才与一般人才的区别较大，开放创新型人才的知识水平较高、觉悟和素养也较高；一般人才对工作环境有更高的要求，他们更关心和上司与同事关系、企业的声誉和管理政策、企业的人才安全等。工作条件对人才的满意度有很大的影响。

最后是个人因素方面。姜道奎等人从个人价值观、工作满意度与流动意愿、个人能力与特长、个人统计特征四个方面对人才流动的影响因素进行了分析。在个人价值观方面，就人才流动来说，个人价值主要体现在人才流动的观念，以及工作和生活的关系。高素质人才的理想与个性特征都比较突出，其社会价值的变迁必然导致管理工作的复杂性。在开放的创新环境中，人才流动往往并不是因为工作本身，而是因为其他原因。人才在择业时，更多关注工作与生活的协调，并兼顾个性的发展。在工作满意度与流动意愿方面，工作目标和流动意愿对于人才的选择起着关键作用。人才在工作中能否达到自己的目标，直接关系到他们是否会选择流动。另外，人才流动意愿是影响流动的因素之一，但有流动意愿并不意味着必然会发生人才流动。在个人能力与特长方面，从微观角度看，个人的能力和特长有很大的不同，一般来说，个人的能力和特长越突出，就越会增加流动意愿。对于这样的人，如果选择了一个更好的组织，那么就会更加依靠这个组织。在个人统计特征方面，人才流动中的个人统计特征（如年龄、性别、种族、婚姻、家庭、教育、工作时间、以前的流动经历等）会影响人才流动意愿。总体上讲，青年人的流动意愿大于其他年龄的人，男士的流动意愿大于女士、未婚人士的流动意愿大于已婚人士、受教育水平低的人的流动意愿大于受教育水平高的人、工作时间短的人的流动意愿大于工作时间长的人、以前有流动经历的人的流动意愿大于没有流动经历的人。个人统计特征对人才流动意愿产生了直接且复杂的影响。

1.3.4　人才流动的动因

牛冲槐等人（2010）从人才流动的引致性动因和趋致性动因两个方面对人才流动的动因进行了分析。

在人才流动的引致性动因方面，首先是社会与经济发展动因。随着社会和经济的发展，人才的总体需求和结构也在不断变化，这一变化促使了人才流动。由于社会和经济发展的不平衡，造成了产业结构的调整和产业向其他区域的迁移，使区域内人才需求的不平衡，从而引起人才外流。其次是区域要素边际收益差别动因，总体上讲，由于经济利益的吸引，各要素都会从要素边际收益水平较低的区域向水平较高的区域流动。人才作为一种特殊的经济因素，其流动在一定程度上遵循着资本流动的规律，从要素边际收益水平低的区域向水平高的区域转移。然后是区域自然地理差异动因，自然地理条件的不同，很容易形成区域比较优势。具有良好自然地理条件的区域，常常是山清水秀、碧水蓝天、空气清新的地方，对于优秀人才具有极大的吸引力。而生态环境差、环境污染严重的区域，不但无法吸引人才，而且常常会成为人才外流的区域。最后是区域科技、教育与文化资源的差距动因，一个区域的科学、教育和文化资源也是导致人才流动的一个主要动因。科技、教育和文化资源是一个区域的特殊资源，是其他区域在短时间内难以学习、模仿和超越的地方。一个具有良好科技、教育和文化资源的区域，在吸引人才方面具有显著的优势。

在人才流动的趋致性动因方面，首先是自我价值实现动因。人们通常既重视物质利益又重视个人价值的实现。如果某人无法充分发挥自己的才能、实现自我价值，就会产生流动意愿。其次是家庭利益动因。家庭在人们的日常生活中有重要的作用，家庭利益是造成人才流动的主要动因之一，如夫妻分居、子女就学等。最后是社会价值实现动因。有相当数量的人才非常重视自己的社会价值和个体价值能否在工作中得到很好的实现。如果一个人觉得自己的才华被埋没了，没有得到企业的重用、没有得到社会的认可，就会产生流动意愿。人才流动既是社会化大生产的必然结果，也是产业结构调整对人才资源进行优化配置的必然需求。人才流动的根源在于区域和部门之间的收入差距，这是由经济结构的调整而造成的。在人才流动中，既要坚持适度的原则，也要保持相对的稳定性。

1.3.5　人才流动的作用

迟萍萍（2020）聚焦于人才流动的研究，分析了人才流动的作用。人才流动主要有三个作用，分别是人才流动有利于人才资源的优化配置、有利于区域经济的协同发展、有利于人才的自身发展。首先，现代企业生命理论认为，企业的成长、成熟和衰退都是一个过程，合理的人才流动有利于保持企业的生命力。如果一个人在某个企业中待久了，没有合理的流动，就会使这个人的视野变窄，从而影响这个人的成长与发展。如果这种情况长期得不到改变，那么企业中的成员就会很容易组成一个个"小团体"，这种情况对工作肯定是不利的。为防止这种情况的发生，有些企业在内部采取了轮岗的办法，如中层管理者在某个岗位上的连续任职不能超过两届。合理配置人才资源，既能为企业提供更多的人才，又能有效地提升企业的活力和效能。从经济学的观点来看，对人才资源和其他生产要素进行合理的配置，可以在确保人才发挥其价值的同时提升企业的效益。

其次，人才流动有利于区域经济的协同发展。学者们也在这方面做过一些探讨。修国义对我国东部、中部和西部地区的科技创新效率进行了实证分析，得出了我国人才集聚的规模与各地科技创新效率之间存在明显的正相关性的结论。许多学者认为，人才是促进区域经济发展的重要因素。与我国东部地区相比，我国中西部地区的人才总量偏低，经济发展水平也明显落后。直到今天，我国中西部地区人才短缺的问题还没有得到完全解决。人才的短缺严重制约了中西部地区的经济发展。长此以往，只会形成一个恶性循环。从促进区域经济协同发展的观点来看,应该采用什么样的政策和措施,把更多的人才吸引到中西部地区，并在一定程度上发挥人才的带动效应，这既是研究者们需要考虑的问题，也是政府有关部门需要考虑的问题。

最后，马斯洛的需求等级论认为，没有得到满足的需求会对人类的行为产生一定的影响。作为社会的个体，人才也非常重视自身价值的实现。在新形势下，人才将面临新的机遇和新的挑战，他们的工作热情和主动性将会发生变化。为了更好地适应新的工作环境、更好地发挥自己的长处、履行好自己的责任和使命，人才往往会更加努力发挥自己的长处，提高自己的科研水平，产生更多的科研成果。

1.3.6 人才流动的措施

张晓玲（2013）分析了人才流动现象，提出了三项关于人才流动的措施。

1）学习发达国家和地区的经验

借鉴国外的先进经验，结合我国的国情，制定适合我国国情的人才政策，并及时做出相应的调整。发达国家纷纷制定法律，把人才工作列为重要工作，调动全社会的力量来为引进人才服务。我国在十八大之后把人才强国战略提升为国家战略，突出了党管人才的方针，提出要把人才大国变为人才强国。人才工作得到了党中央和社会各界的高度关注，我们要充分利用国家的大环境，对人才工作的特征进行深入研究，制定相应的人才政策，加大对人才的投入，推动人才工作的科学化、现代化。

2）联合政府职能部门、发动全社会的力量

人才工作是一个涵盖范围很广的系统工程。要把所有的人才都集聚在一起，不仅要加强政府的工作，还要加强人才资源、社会保障、教育、科技、文化、经济等方面的协调，使人才发挥最大的作用。人社部门和人才服务机构是国家人才工作的综合性行政机关和实施机关，在人才工作中发挥着举足轻重的作用。人才是最重要的社会资源，如此重要的社会资源，仅仅依靠政府职能部门是远远不够的，必须发动全社会的力量，把人才引进工作变成全民的工作，把人才引进变成全社会的工作。我们要借鉴欧美等发达国家的人才引进模式，尽快形成政府、企业、市场、非政府组织等多方参与的人才引进模式。要实现人才工作的突破，不仅要从招揽人才入手，更要从企业、政府等方面着手，把全社会的力量作为一个重要的渠道，把市场作为人才资源配置的关键。

3）发挥自身优势、多渠道引进人才

当前经济和社会的发展日益依靠人才的引导和带动，加强对人才的吸引，这一点是毋庸置疑的，各地要结合实际，制定相应的人才政策。高层次人才虽然珍贵，但一个国家和区域的发展并不是仅仅需要高层次人才的，更多的工作是由普通人来完成的。在人才政策方面，要一视同仁、统筹考虑，不能偏袒。一个国家要一视同仁地对待各类人才，多渠道地从各个方面吸引和集聚各类人才。有了国家政策的扶持、地方政府的高度重视、大批优秀人才的参与，再加上科学、教育、可持续发展等方面的政策，整个社会就会齐心协力，完成小康社会的建设。

1.3.7　人才流动的研究成果

李峰、徐付娟和郭江江（2022）对京津冀、长三角、粤港澳这三个地区的高层次人才的出生地、教育地和成功地的地域分布情况进行了分析，对人才流动的特点进行了归纳。结果表明：这三个地区的人才流动存在着单核吸引、自产自销、创新吸引等特点。京津冀、长三角、粤港澳这三个地区在推动人才合作方面存在着类似问题，这三个地区的主要城市和省份（如北京市、上海市和广东省）的人才流出都比较严重，除了河北省、安徽省和澳门特别行政区，其他省份均有超过 30%的人才来自北上广地区。人才的本土流动是把双刃剑，对于科教（科技与教育）资源较为充足的地区，利用本土人才流动的倾向，可以有效吸引本土人才，降低引进人才的成本；但从整体发展的角度来看，我国人才的地区流动导致了人才的不平

衡、流动不畅通，部分科教资源较缺乏的地区在人才流动方面甚至"入不敷出"，出现人才外流现象；同时，在科教资源较为丰富的地区之间，人才流动呈现出了各自的特点，并形成了明显的障碍。

徐倪妮和郭俊华（2019）研究了人才合理流动对区域经济协同发展的影响，提出了相关建议。

第一，继续推进中西部地区的发展。加强对中西部地区的投资，尤其是在基础设施领域和技术改造方面，推动农业和工业的技术改造；利用外资拉动经济，把资源优势转化为经济优势，缩小中西部地区与东部地区的差距；提高技术水平是提高企业科技创新能力和产品开发能力的重要途径，可促进我国产业结构调整、科技创新、创新驱动，促进区域经济平稳、可持续发展，创造良好的经济环境。

第二，加快产业结构的调整和优化，使资源得到合理配置。随着产业结构的调整，我国对人才的需求和能级结构也随之发生变化；人才所掌握的技术和知识在行业间的迁移则是产业结构调整的主要动力之一。产业结构的调整和人才的流动是相辅相成的，因此要加速科技创新、科技扩散和应用，实现产业结构的调整和人才的流动。

第三，持续利用研究与试验发展（R&D）经费来推动人才的流动。通过扩大 R&D 经费的规模、扩大 R&D 项目的投资范围、提高 R&D 项目的质量，可以持续增强我国对人才的吸引力。鉴于我国各地区经济发展的不平衡，应在一定程度上加大对中西部地区重点领域的研发力度，以弥补中西部地区 R&D 经费的短缺；同时，还要加强对科技中介机构的扶持，加快建立科技孵化中心，建立健全科技创新服务体系，营造良好的科研环境。

第四，加大高技术领域的投资力度。要优化高技术领域的投资结构，大力扶持战略性新兴产业、高技术产业等，加大对科技创新基础平台建设资金的投入，尤其要注重提高中西部地区的财政科技投入效率，以提升财政科技投入对人才流动的推动作用。

第五，为人才的流动创造良好的教育环境。在提高教学质量和科研水平的前提下，对高校的生师比进行适当的调控和调节；加大对教育的投入，加强对教育资源的整合，促进教育资源供给结构的调整；鼓励各高校建立多元化的研究院，加强产学研合作，实现学术研究与产业发展的对接，集聚大批高层次的科研人才和团队，推动高校科研成果的产业化。

第 2 章

京津冀人才一体化与 R&D
人才一体化

京津冀一体化是在 2014 年提出的方案，目的是加强环渤海及京津冀地区的经济协作。京津冀协同是面向未来打造新的首都经济圈，推进区域发展体制机制创新的需要；是探索完善城市群布局和形态，为优化开发区域发展提供示范和样板的需要；是探索生态文明建设有效途径，促进人口经济资源环境相协调的需要；是实现京津冀优势互补，促进环渤海经济区发展，带动北方腹地发展的需要。京津冀三地要坚持优势互补、互利共赢、扎实推进，加快走出一条科学持续的协同发展路子来。

2.1　京津冀人才一体化

2017 年，京津冀三地的人才工作领导小组联合发布了《京津冀人才一体化发展规划（2017—2030 年）》（以下简称《规划》）。《规划》是我国首个跨区域的人才规划、首个服务国家重大战略的人才专项规划，也是京津冀地区联手打造区域人才竞争优势、支撑协同发展和产业转型升级的重要举措。

"京津冀区域经济发展战略研讨会"于 2004 年在河北省廊坊市召开，为京津冀地区的合作奠定了基础。经过多年的发展，京津冀人才一体化策略已经基本定型，但由于历史上的种种原因，三地之间存在行政壁垒，加之三地政策的不协调、不统一等问题，使得人才合作的进程十分缓慢，未能实现共赢。

首届"京津冀人才开发一体化研讨会"于 2005 年 6 月召开，京津冀三地共同签署了《京津冀人才开发一体化合作协议书》，为京津冀地区的人才一体化工作奠定了基础，京津冀地区的人才培养和合作机制正在逐渐形成。2006 年 12 月，京津冀三地召开了"京津冀人才开发一体化联席会议”，并共同签署了《京津冀人才交流合作协议书》《京津冀人事代理、人才派遣合作协议书》《京津冀人才网站合作协议书》，主要在人才流动方面进行了具体的部署。

2.1.1 京津冀人才一体化的发展及现状

京津冀协同发展是习近平总书记统揽经济社会发展全局，以高瞻远瞩的战略谋划、统筹协调的系统思维、人民至上的深厚情怀做出的一项重大决策。推动京津冀人才一体化对实现京津冀协同发展具有重大意义。在京津冀协同发展上升为国家战略之前，我国的人才一体化可以分为三个时期：萌芽阶段（20 世纪 80 年代中期—2003年）、稳步推进阶段（2004—2010 年）和全面发展阶段（2011—2014年）。随着京津冀协同发展在 2014 年被提升为国家战略，京津冀人才合作已进入了快速发展的轨道。2017 年，京津冀三地的人才工作领导小组联合发布了《京津冀人才一体化发展规划（2017—2030年）》，提出了京津冀地区要将在 2030 年前成为世界高层次人才集聚地，这是一项非常有意义的工作。

当前，为了推动京津冀人才合作，京津冀地区在以下五个方面出台了一系列政策。一是在人才交流方面，人社部门组织了一系列的区域人才交流与合作论坛，并以国家级开发区为依托，组建了京津冀行业人才联盟。二是在京津冀地区的人才政策和措施方面，形成了“1+9”的工作共识，并在中央的支持下，设立了京津冀人才一体化部际协调小组，定期召开相关会议，共同制定人才政策。三是在高等教育和人才培养方面，京津冀地区设立了不同类型的大学创新联盟，开展了跨区域的校企合作，建立了学术交流平台。四是在加强人才的协同创新方面，京津冀地区已建成了"首都人才港""中关村分园"等技术转移人才培养基地。五是在协同扶贫方面，京津冀地区的人才共享已成为地区协同扶贫工作的一个重要内容。北京市、天津市、河北省部分地区的 28 个县（区）结成了扶贫合作机制，在 2017—2021 年，北京市和天津市向受援地区抽调了 2367 名技术人员，完成了 2356 个项目，引导 373 个企业在受援地区投资了300.46 亿元[1]。

2011 年，涵盖京津冀地区的首都经济圈建设被纳入"十二五"规划，表明了国家对京津冀协同发展的信心与期望。构建首都经济圈，对京津冀地区的人才资源共享与流动起着至关重要的作用。京津冀三地共同签署了《京津冀区域人才合作框架协议书》，将京津冀地区的人才一体化工作推向了一个新的高度。

2014 年 6 月，在京津冀协同发展的基础上，天津市召开了第一次"联合招智联席会议"，探讨了如何加强全方位、多领域、深层次的合作，在政策互通、成果共享、信息共享、建立定期联系等方面达成了共识。

2017 年 5 月，天津举行了"2017 年京津冀高层次和急需紧缺人才引进计划新闻发布会"，介绍了京津冀地区引进人才的最新政策，以及 2017 年度的重点工作，为京津冀人才搭建"朋友圈"。北京市、天津市和河北省的人社部门介绍了 35 项最新出台的各类引智引才政策，涉及国内外人才引进、体制机制改革、创新创业扶持等方面。京津冀地区的政策可以相互沟通，可以共享人才，可以充分利用自己的优势吸引更多的人才，从而达到京津冀协同发展的目的。

---

1 本书在未标明币种时，均指人民币。

1）区域人才一体化布局适配京津冀协同发展的空间布局

《京津冀人才一体化发展规划（2017—2030 年）》是根据《京津冀协同发展规划纲要》《关于深化人才发展体制机制改革的意见》的精神制定的，与《京津冀协同发展规划纲要》明确的"一核、双城、三轴、四区、多节点"的空间格局相呼应，提出"一体、三极、六区、多城"的总体布局。

"一体"是指打造区域人才一体化共同体。

"三极"是指围绕全国科技创新中心建设，建设北京市创新型人才集聚地，建设京津冀创新创业人才的集聚地；以天津市为核心、以国家先进制造和研究基地为核心，打造以京津冀地区为核心的工业创新人才集聚地；围绕河北省的转型发展需求，充分利用雄安新区的创新发展，以及石家庄的承接与转换，打造京津冀地区的创新型人才集聚地。

"六区"是指以东部滨海发展区为载体，建设产业人才发展示范区；以西北部生态涵养区为载体，建设生态环保人才发展示范区；以中部核心功能区为载体，建设临空经济高层次人才发展示范区；以雄安新区为载体，建设高层次创新创业人才发展示范区；以南部功能拓展区为载体，建设科研成果转移转化人才发展示范区；以通武廊（通州、武清、廊坊）毗邻区域为载体，建设京津冀人才一体化综合示范区。

"多城"即以京津双城人才联动带动石家庄、唐山等区域性中心城市和张家口、承德等节点城市人才联动。

2）五大任务破解四个不适应

推动京津冀人才一体化，是京津冀协同发展的关键。在京津冀人才一体化过程中,存在区域人才结构与区域发展功能定位不适应、人才国际化发展与建设世界级城市群目标不适应、人才一体化体制机制与提升区域人才竞争力的要求不适应、人才公共服务水平与区域人才一体化要求不适应的问题。

《规划》明确提出，要实现区域人才发展新格局，抢占世界高层次人才发展制高点，创新区域人才发展体制机制，构筑区域协同创新人才共同体，打造区域人才政策新优势五大任务，并细化为十六项具体的任务。针对人才资源配置失衡的现状，提出了实施"北京市－中关村－天津市－雄安新区－石保走廊综合改革试点地区"人才联动计划，实施"人才帮扶"项目，打造京津冀人才发展新引擎。针对人才国际化水平低的问题，建议建立国际化高层次人才发展平台，实施海外高层次人才特聘岗位制度，绘制海外高层次人才地图，优化人才国际化区域品质等措施。针对人才合作机制不完善的问题，提出了构建整合人才评价机制、跨区域合作利益分配与激励机制、人才社会组织联动机制等对策。针对当前我国公共服务资源配置失衡的现状，提出了推动社保、教育、医疗资源共享、人才服务跟踪机制、区域创新人才服务平台等对策。

3）十三项重点工程强化人才一体化基础

《规划》提出了世界高层次人才集聚地的发展目标，并提出了全球高层次人才延揽计划、京津冀人才创新创业支持工程、"圆梦京津冀"菁英计划、高技能人才联合体工程、雄安新区人才集聚工程、冬奥人才发展工程、沿海临港产业人才集聚工程、临空经济产业人才集聚工程、人才资源服务产业园建设工程、国际人才社区建设计划、京津冀人才互联工程、京津冀人才服务定制工程、京津冀人才安居工程，共十三项重点工程。通过对重点工程的规划，提出了推动京津冀人才一体化的切实可行措施，进一步夯实了人才合作的基石。

京津冀三地人才工作领导小组在 2017 年启动实施了全球高层次人才延揽计划、冬奥人才发展工程、沿海临港产业人才集聚工程、国际人才社区建设计划。

4）三项机制保障规划落地落实

为了保障重大任务、重点工程的顺利实施，《规划》提出健全京津冀人才一体化工作体制机制，将京津冀人才一体化列入相关职能部门考核内容，共同商议制定区域人才政策，形成京津冀人才一体化政策体系，共同推动重大任务、重点工程落地。建立京津冀人才一体化投入机制，完善财政投入政策措施，引导社会资本投入，优先保证重大任务、重点工程的资金需求。完善规划实施管理评估机制，研究制定规划绩效评估关键指标，由第三方专业机构对规划实施情况进行跟踪评估，并将评估结果作为重要的考核依据。

近几年，中央对京津冀协同发展给予了高度的重视，京津冀三地更是抓住了这一难得的机遇，在区域人才合作上大刀阔斧、开诚布公；逐步破除传统观念，积极建立人才平台，扫清障碍，使人才能够引得进、留得住、用得好。京津冀地区的人才流动与资源共享，为津冀协同发展注入了新的生机。

2.1.2　京津冀人才一体化的合作规划及实施状况

2011 年 4 月，京津冀三地签署了《京津冀区域人才合作框架协议书》，进一步加深和丰富了人才合作规划内容。京津冀人才一体化的合作规划与实施状况如表 2-1 所示。

表 2-1　京津冀人才一体化的合作规划与实施状况

合作项目	合　作　规　划	实　施　状　况
建设人才招聘网站	开拓京津冀三地网上人才市场，一网注册、三网发布，实现人才信息资源的共享	① 京津冀三地正在筹备联合打造统一的人才信息网络发布和共享平台，人才信息分别发布，未实现三网并轨。 ② 河北人才网新开辟"京津冀人才网"专栏，发布北京市、天津市部分企业的招聘信息。 ③ 2007 年 7 月，北京人才网、北方人才网、河北人才网、唐山人才网、沧州人才网共同发起成立了"环渤海区域人才协作联盟"。目前还有其他城市加入，要求在各自网站首页的显著位置开辟联盟网站展示区，以链接其他网站，但只有少部分网站设置了联盟展示区
人才交流	京津冀三地联合举办大型人才智力交流洽谈会，建立高层次人才柔性引进机制，鼓励高层次人才在工作之余到其他两地从事科技攻关、项目合作等专业服务；制定高层次人才咨询、讲学、兼职科研、技术合作优惠政策；实现高层次人才的共享，推动国际高层次人才在三地开展学术交流和专业指导	① 2007 年举办首次"京津冀招才引智大会"，此后到 2010 年，一直连续举办"京津冀招才引智大会"。 ② 2011 年举办首次"京津冀人才交流会"，此后每年举行一次。2014 年的"京津冀人才交流会"在三地各举办一场。2016 年的"京津冀人才交流会"在石家庄举行。 ③ 北方人才网为延揽北京市的人才，打造了京津人才驿站，专门负责"盯住"符合天津市紧缺人才需求的北京市的人才

合作项目	合作规划	实施状况
职业资格的互认	到2014年4月，京津冀三地仍在着力推进专业技术人员职业资格的互认联合机制	各自核准专业技术人员的职业资格互认
人才工作站、人事代理、人才派遣	京津冀三地互设人才工作站，在彼此的人才服务机构设立京津冀人才一体化服务窗口，在彼此的公共人才市场开设服务窗口、开辟绿色通道，为户籍在本地但在其他两地工作的人才提供档案管理、代缴五险一金、代办医药费报销等服务	① 人事代理、人才派遣行动规划已实现，并且是人才服务机构的主要盈利项目。天津市和河北省的企业聘用北京市的人才，可通过北京市的人事代理、人才派遣或异地人事代理等方式按照北京市的标准缴纳和享受社保。 ② 天津市的驻北京人才工作站除了具有人才服务功能，还具有人才引进功能
建立博士后工作站	建立博士后工作站管理部门定期联系制度，开辟联合招收培养博士后的绿色通道	已在部分专业领域实施，如2011年京津冀三地的三大医院联合招收医学专业的博士后
建立社会保障体系	建立相互包容的社会保障体系，实现京津冀的异地就医结算、三地企业职工基本养老保险关系的转移接续。河北省自2013年起就可以在省内或跨省转移接续养老保险关系	仍然无法做到河北省省内异地就医、跨省异地就医的直接结算
建设人才创新创业载体	共同创办高水平科技研发中心，设立研究生实践基地	① 河北省张家口环首都高层次人才创业园于2013年9月创建，本着"背靠京津、面向全国、放眼世界"的引才原则，为各类人才的引进和创新项目的落地提供优惠。 ② 2014年5月，中关村海淀园秦皇岛分园揭牌成立，这是中关村海淀园在国内设立的首个分园

京津冀人才一体化在以下方面取得了良好的效果：

（1）在网上定期举办交流会，并且规模越来越大，吸引了越来越多的企业和人才。河北省人才交流服务中心在京津冀地区开展了网络招聘活动；天津市也专门成立了京津人才驿站，用以吸引北京市的优秀人才。

（2）人才中介机构和人才派遣机构的合作方案已经得到广泛实施，成为京津冀地区的一项重要的赢利项目，从而达到了人才自主选择最优参保地的目的。

（3）各部门和行业已经开始建立博士后工作站，利用各自的优势来开展博士后的研究工作。

（4）京津冀三地均已建成了高层次人才的创新创业平台。河北省率先将园区定位为京津冀一体化，中关村海淀园还在秦皇岛设立了分园，北京市海淀区政府和河北省政府对秦皇岛分园的成立给予了大力支持。

2.1.3　京津冀人才一体化的问题与不足

在经济、社会和环境的协同发展进程中，人才这个主体因素的作用是无可取代的。能否有效地培养和锻炼人才的能力，能否合理地调配和使用人才，以及具有良好专业素质和技术技能的人才能否在良好的环境中得到充分、自由的发展，将直接影响整个区域的人才合作的程度和水平。人才是最重要的战略资源，是一个地区发展的核心能力。京津冀人才一体化是京津冀协同发展的必然趋势，但仍有一些问题，例如人才培养还没有真正实现整合。人才一体化是一个综合性的系统工程，从总体上讲，包含了人才的培养、开发、配置、使用、发展等各个环节，任何一个环节的欠缺都会造成人才一体化的片面性。

（1）人才的培养是不平衡的。京津冀地区的人才培养存在明显的不平衡现象，其原因是教育资源的不平衡。教育可分为学前教育、初等教育、高等教育三个层面，这三个层面对人才的发展有不同的影响。本书从高等教育资源分布不平衡的角度来分析人才培养的不平衡现象。京津冀地区高等教育资源分布的不平衡主要表现为质量上的不平衡与数量上的不平衡。从数量上看，河北省的高校数量比北京市、天津市的高校数量多；从高校的招生规模来看，与北京市和天津市相比，河北省的招生规模总体上要多一些，但河北省的高等教育资源在质量上和北京市、天津市有很大的差距。河北省目前还没有"985工程"大学，唯一的一所"211工程"大学还位于天津市，河北省的"双一流"建设高校的数量也屈指可数。北京市和天津市则具有清华大学、北京大学、南开大学等众多"985工程"大学、"211工程"大学以及"双一流"建设高校。除此之外，在高层次人才（如博士、博士后）培养方面，无论从数量还是从质量来看，河北省均远远落后于北京市和天津市。高等教育资源分布的不平衡在很大程度上导致了京津冀地区未能在人才培养环节实现有效的一体化。

（2）人才资源配置体系还不完善。在市场经济条件下，市场是配置资源的根本性和决定性因素。随着京津冀协同发展的实施，京津冀地区的人才流动在某种程度上得到了改善，但流动性依然存在一定的盲目性和随机性，这必然会加大人才流动的成本。京津冀地区要构建和完善的人才资源配置体系，及时掌握三地人才供求的动态变化规律,在三地的供需平衡中最大限度地提高人才的使用效率。通过建立统一的人才资源配置体系，可以有效地防止人才资源的过剩、防止人才流动的盲目性，为京津冀人才合作提供有力的支持。

（3）人才使用的不平衡。随着京津冀协同发展的实施，京津冀地区的基础设施建设日益引起了人们的重视。全国的交通运输已经形成了一个完整的网络，公路、铁路、航空线路日益完善。随着交通运输网络的建成和发展，京津冀地区可以便捷地交换物资，经济交流也变得越来越密切。随着交通运输网络的不断发展，经贸交往也在不断加强，京津冀地区的人才资源开发与使用变得越来越重要。京津冀协同发展极大地促进了三地的人才使用，但人才的使用并不平衡。京津冀地区的经济发展水平差距较大，这一差距导致了人才使用具有显著的"虹吸"作用：经济发展水平越高，人才使用的效率越高，就越能吸引优秀的人才。人才培养与使用的不平衡，严重影响了京津冀人才资源整合的进程以及人才质量的提高。

（4）人才发展的条件与机会不平衡。随着京津冀协同发展的不断深入，京津冀地区的经济必然会有较大的发展空间，但三地的经济发展水平有很大的差距。不同的经济发展水平必然会影响人才的发展，在一般情况下，经济发展水平越高，人才发展的机会就越多。京津冀人才发展水平的差距必然会进一步促进优秀人才集聚到北京市和天津市，进一步强化北京市和天津市对人才的"虹吸"作用，从而影响到京津冀人才一体化。

京津冀人才一体化存在以下四个问题：

（1）京津冀人才合作规划的实施效果不理想，缺乏统筹和协调。京津冀地区的人才资源丰富，但并未充分发挥其优势，京津冀人才一体化仍处于初期的联合发展阶段，缺乏长期有效的协作。为了实现京津冀人才一体化，京津冀三地的人才工作领导小组于 2017 年印发了《京津冀人才一体化发展规划（2017—2030 年）》。虽然三地的人才工作领导小组共同制定了相关的政策，但由各地的人社部门来负责具体执行，而各地的情况和发展程度也不一样，因此很难实现整体的统筹效果。

京津冀三地都成立了人才工作领导小组，但在实施相关政策时往往采取联席会议的形式进行协调与沟通，这在推动京津冀人才一体化方面是远远不够的。因此，要增强统筹和协调能力，就需要成立相应的合作机构，从战略的高度进行顶层设计，使各地的发展成果和问题能够得到及时的交流。

（2）政策的衔接不顺畅，制约了人才流动。北京市是首都，不仅能够迅速集中各种资源，还会优先执行各种优惠政策。天津市和北京市之间的差距并不大，但河北省在多个领域都不如北京市和天津市，如教育产业的资源配置等，这就造成了京津冀地区的人才质量差距。京津冀三地长期处于不同的行政管理体制下，三地的人才政策并没有完全统一，对人才的需求各不相同，选拔和用人的标准不尽相同，人才进入的条件也各不相同。

京津冀三地的户籍和社保并没有建立起良好的联系，三地的职业资格等级也不一样，使一些专业技术人员在其他地方无法继续享有目前的待遇，这就产生了人才流动的障碍，造成了人才市场的分化。目前，京津冀三地实行的人才选拔制度不尽相同，北京市和天津市对人才的要求较高。长此以往，三地的差距会越来越大，人才市场的分化也会越来越严重，必将成为京津冀人才一体化的瓶颈。

（3）合作范围比较狭窄，协作方式比较单一。目前，京津冀人才一体化的模式主要是人才招聘信息共享，各地在组织人才招聘会时，都会提供跨区域的招聘服务，通过相应的人才网站在三地之间建立联系，在不同区域进行高层次人才的相互派遣。

尽管京津冀人才一体化的进程已经发生了变化，但各地在人才合作领域依然存在很大的局限，合作形式比较简单、合作水平比较低，很难集聚高层次的人才。因此，不仅要拓展现有的合作领域，还要丰富现有的合作形式。例如，目前的校园招聘会主要由当地企业在当地高校进行宣讲，尽管北京市的招聘信息与天津市、河北省的一些平台有某种程度的联系，但大多数的求职信息还是比较封闭的。当前，京津冀三地并没有联合举办校园招聘会，不但使各地大学生的择业变得更加困难，对人才流动也产生了不利的影响，还会使某地的人才过于集中，制约京津冀人才一体化的推进。

（4）缺乏发展的动力与合作的积极性。北京市和天津市在经济水平、社会配置、社会保障等方面比河北省更有优势，这将造成河北省本土人才的流失，使河北省与北京市、天津市的差距进一步加大。为了吸引人才，北京市和天津市出台了一系列的优惠政策，如天津市"海河英才"项目，放宽了准入条件，吸引了大批的高层次人才涌入天津市。虽然河北省出台了"零门槛""住房补助"等优惠政策，但众多的高层次人才仍然会优先选择北京市和天津市。目前，京津冀三地不仅没有太大的合作意向，反而有较大的利益冲突，三地并没有形成互惠互利的关系，各地只关注本地的发展，忽略了其他两地的发展，这与京津冀协同发展的目标是完全相悖的。缺乏有效的人才合作机制，使京津冀三地无法建立起良好的协作关系，不利于推动区域经济一体化。

有的学者指出了京津冀人才一体化的合作规划存在以下三个问题与不足：

（1）京津冀人才一体化的合作规划水平较低。京津冀三地的人才资源配置主要是由三地的人社部门牵头的，但有些问题是各地人社部门无法自行处理的。例如，各地的人社部门很难做到社保的统筹，这需要更多部门和更高层次的合作。此外，诸如职业资格的互认、专家库的建设、人才交流共享平台的建设等，都需要在更高的层面上进行统筹、各部门共同努力。

（2）京津冀地区的合作层次不够。京津冀人才一体化的主要推动者是人社部门和所属的人才服务机构，虽然在省级的层次上进行了合作规划，但没有将地级市与县列入合作规划。例如，由地级市自发组织的"环渤海人才网站联盟"，由于没有形成真正的战略联盟，无法实现跨地区的人才资源配置。廊坊、秦皇岛、张家口、唐山等城市都积极主动地参与了京津冀人才一体化的工作，但这些城市并不是合作伙伴关系。由于各层次的行政主体缺乏协同推进的机制，导致了京津冀人才一体化的效率较低。与此形成鲜明对比的是，长三角地区的江苏省、浙江省和上海市的省级人才合作规划与地级市级的人才合作规划是同步进行的，同一水平、不同级别的城市都在积极进行人才交流，长三角地区的人才合作规划要比京津冀地区好。

（3）京津冀三地的合作过多，但缺乏协调性。京津冀之间的人才一体化十分注重人才项目的合作推进，但内部的竞争与战略协同存在一定问题。依据《京津冀人才一体化发展宣言》，京津冀人才一体化的基本原则有四项：服务发展、平等互利、优势互补、市场推动。也就是通过产业合作、市场配置的方式实现人才共享与区域发展的共赢。从京津冀三地各自的《中长期人才发展规划纲要（2010—2020 年）》来看，北京市更加突出国际化大都市的功能定位，突出对人文、科技、教育、卫生事业等领域世界级大师与国际顶尖人才的培养和引进；天津市与河北省更加突出对工业产业和经济发展重点领域紧缺专门人才的引进，而在这些方面，天津市和河北省存在重叠现象。天津市和河北省在石油化工、装备制造、电子信息、生物制药、新能源、新材料、金融财会、国际商务、现代交通、物流运输、生态环保等领域的人才需求几乎相同。虽然各地的发展不可能完全避免人才同构、产业同构，各地之间不可能完全消除竞争关系，但仍然要像长三角地区那样形成共进共荣的战略协同和联盟，在竞争协同中不断开放融合。人才需求的趋同性会在一定程度上引导产业结构的趋同性，而京津冀地区在功能定位与资源能源结构方面的巨大差距会导致人才引进成本激增、人才无序引进等不良现象。京津冀三地正在抢夺创新型项目与高层次人才，竞相提高人才的待遇，这些都是三地的人才战略缺乏协调的表现。

2.1.4　京津冀人才一体化的建议与对策

京津冀协同发展需要加速京津冀人才一体化。随着京津冀协同发展的不断深入，必然需要在区域范围内进行人才一体化；而人才一体化建设的质量也必然会影响到京津冀协同发展。由于京津冀地区的经济和社会发展水平存在较大的差距，造成了人才资源配置的不平衡、人才资源配置机制的不健全、人才开发和使用的不对称、人才发展环境和机会的不合理等问题。

王建江（2021）对京津冀人才一体化建设提出了三点建议。

（1）改革办学方式，合理配置教育资源。要真正在京津冀地区发展人才，必须解决教育资源，尤其是高等教育资源配置不平衡状况。北京市和天津市的高等教育资源要比河北省好得多。要扭转这种不平衡状况，必须缩小京津冀三地的教育资源差距。河北省不仅要加强自身的教育资源，尤其是高等教育资源，还要因地制宜、适时引进北京市和天津市的优质教育资源，并发挥这两地优质教育资源的辐射效应。京津冀三地要加强学术交流和合作，使三地的教育资源得到更好的配置和利用。

（2）健全人才资源配置、开发和使用机制，有效地推动京津冀人才一体化。首先，要构建京津冀地区的人才资源配置机制与市场，推动京津冀地区人才资源的合理配置。通过建立一个统一的人才市场，不仅可以及时掌握用人单位的需要，从而使人才在寻找工作中更具针对性；还可以及时掌握京津冀三地的人才供应状况，实现对三地人才的及时和高效调配。建立一个统一的人才市场，对长期稳定和发展具有重要意义。其次，要抓住京津冀协同发展的机遇，抓住政策趋势，推动产业和人才的流动。统筹京津冀协同发展的现实条件，优化京津冀地区的人才开发与使用，可以充分调动人才的积极性，促进京津冀人才一体化。

（3）优化区域发展，缩小京津冀三地的差距。在市场经济条件下，不同地区、不同行业的人才流动是很正常的。人才一体化在京津冀协同发展中具有举足轻重的作用。由于自身发展的需要，人才往往会流向更好的发展环境和更适合自身发展的区域。但由于京津冀三地的地理位置，以及三地在经济发展等方面存在明显的不平衡，这就决定了三地能够为人才发展提供的条件具有相当大的差距，从而极大地阻碍了京津冀人才一体化。随着人才单向流动的效应越来越大，资源条件越好的区域对人才的吸引力越大，从而影响京津冀协同发展的进程。要想扭转或改变这一状况，必须持续优化区域发展，缩小区域间的差距，让人才愿意来、留得住、发展得好，从而推动京津冀协同发展。

周德胜和陆相林（2021）对京津冀人才一体化提出了四点建议。

（1）不断深化改革，构建一个统一、健全的人才管理体制。一是要进一步深化改革开放，破除行政壁垒，充分发挥京津冀协同发展的核心力量，促进三地人才的合理流动，健全人才培养、吸引、使用、流动、激励、保障等方面的政策和制度，建立人才信息库，尤其要"柔性引进"，实现人才供需信息的共享，加快京津冀人才一体化。二是要切实从实际需要出发，落实有关政策，如异地购房、子女入学等，做好顶层设计。

（2）使市场成为优化人才的基本要素。京津冀人才一体化在很大程度上得到了三地政府的支持。京津冀三地因其自身的资源而导致的社会、经济、文化发展水平的差距，导致了人才断层现象，因此要在政府的宏观调控下充分发挥市场机制在人才资源配置中的基础性作用。一是要注重民营企业人才资源的作用，提高民营企业人才资源工作的信息化程度，构建高效、快捷的人才管理体系，实现系统的对接和人才的共享。二是要充分利用生产要素的价值评价机制，健全人才交流共享和人才流动补偿制度。

（3）加快产业和项目的衔接，推动京津冀人才一体化。首先，北京市要积极发展战略性新兴产业，把自身建设成一个高端的科研中心、现代化的服务中心；天津市要实现制造业和服务业的升级，实现科技发展的跨越；河北省要实现全面的经济发展转变，扶持园区发展，加快河北省和北京市大兴空港经济区的建设，建设自由贸易区，提供空港物流、现代制造、临空一体化服务，借力北京市和天津市的科技创新资源，大力发展河北省的电子信息、能源、材料、生物等战略性新兴产业，为人才的交流与融合提供一个平台。其次，要实现行业的协同发展，充分发挥京津冀地区独特的资源优势，形成健全的利益分配体系与合理的产业链。京津冀地区要积极开展合作，加强中下游产业的联系，使产品附加值的各个环节形成一个有机的整体。

（4）加强校企合作，为培养高质量的人才提供有针对性的培训。高校和科研机构等是高层次人才的主要战场，而优秀的企业则是促进产业发展、实现高质量就业的重要载体。

一是要充分发挥北京市高校和科研机构数量多、质量好、科研能力强的特点和优势，对天津市特别是河北省的部分高校和科研机构进行重点帮扶。河北省最大的弱点之一是河北省高等教育资源较差，雄安新区的建立，将会吸引一些北京市的高校和科研机构。目前，北京市的部分高校在河北省设立了研究生院，为河北省培养优秀人才提供了更多的支持。同时，继续实行双向流动，坚持"走出去"，将挂职机制常态化，并把优秀人才引进河北省，促进产学研合作。

二是要加强校企合作。北京市拥有大量的优秀企业，可以在校企合作的基础上，共同发展实训项目，成立工业研究所、实习基地，并借助北京市知名高校和企业的资源，对天津市和河北省的急需人才进行培训，实现资源的优势互补，在人才培养方面形成协同发展。

刘超、赵嘉和郭白雪（2019）对京津冀人才一体化提出了五点建议。

（1）建设人才集聚的载体，提高区域的科技创新能力。京津冀地区在持续推进人才合作的过程中，将会集聚大批人才，因此必须加强顶层设计，建立相应的部门来吸纳人才。通过建立一个层次协调机制，可以将人才合作过程统一起来，例如可以设立专门的科技创新园区来吸引优秀的人才。北京市和天津市有数量众多的产业园、示范园，但河北省的实力相对较弱，在留住人才方面存在不足。要实现京津冀协同发展，就必须结合河北省的发展状况，建立河北省人才集聚的载体，可以从引进相关的研究项目、制定人才培养方案入手，吸纳并集聚人才。

在京津冀地区吸纳并集聚人才，在本质上是提高京津冀地区的科技创新能力，把人才的知识优势转化为创造优势。这也是人才合作的基本目标。在建设人才集聚的载体时，不仅要注重科技创新的融合；也要在京津冀地区建立高水平的科技创新平台，开展科技交流；同时还要与国际接轨，与国外知名高校进行技术合作，这既能提高参与人员的学习水平，又能提高创新意识，还能提高京津冀地区对人才的吸引力。

（2）健全人才选拔和培养机制、人才综合管理机制。健全的人才政策对于京津冀协同发展具有十分重要的意义，同时也是促进京津冀人才一体化的一个重要因素。

要想健全人才选拔和培养机制，一方面要把人才的选拔工作纳入京津冀协同发展的总体规划，把京津冀人才一体化列为重点发展战略，必须引起相关部门的高度重视，加速人才选拔和培养机制的健全；另一方面要借鉴其他国家和地区的先进做法，在京津冀地区实现统一的人才选拔和培养机制，消除人才流动的壁垒。当前京津冀地区缺乏统一的人才选拔机制，造成了人才流动的不平衡。此外，还可以从人才的培养着手，之所以没有一个统一的人才选拔机制，是因为没有统一的人才培养机制。

要想健全人才综合管理机制，首先要打破京津冀地区相对激烈的竞争格局，制定相应的制度和政策，将"一荣俱荣、一损俱损"理念贯彻到京津冀地区；其次要加快构建京津冀地区的人才基金保障体系、纠纷调解机制、公平合理的配置机制和人才自由流动机制。在资金分配和人才调配等方面，做到有法可依、有章可循；最后要在政策的支持下，搭建京津冀地区科研成果共享数据库，实现信息的共享。

（3）加强产学研合作，促进科研成果的转化。加强产学研合作是指将生产、教育、科研有机地联系在一起，互相合作、共同发展，其本质是各方面的人才合作。加强产学研合作，既可以促进人才交流，也可以促进人才合作。北京市和天津市的高校、科研机构数量庞大、科研实力雄厚，与北京市和天津市高校、科研机构合作的企业，有可能搬迁到河北省，或者在河北省设立分公司。通过与河北省高校、科研机构的合作，可以在全国范围内共享和配置京津冀地区的科研成果和人才资源，这样就能够更好地发挥京津冀地区的优势。要想在京津冀地区实现产学研合作的协同发展，必须由国家统筹全局，由三地共同制订相应的发展计划，并有效整合三地的资源。

（4）建立具有创新性的人才培养平台，推动京津冀地区的人才交流。健全人才培养机制、推动京津冀人才一体化，在京津冀地区的人才流动与培养中发挥着举足轻重的作用。要建设具有创新性的人才培养平台，就必须加大人才培养的投入。在全国范围内设立人才合作基金的同时，还要增加对创新型人才的支持力度，加大对落后地区人才培养的投入。

北京市和天津市的高等教育资源丰富，在培养创新型人才方面具有得天独厚的优势，而河北省在这方面则相对比较薄弱。北京市和天津市可以成立科技创新联盟、组织科技创新竞赛，促进河北省创新型人才的培养。京津冀三地可以联合举办创新型人才的培养活动，加强三地的人才培养与交流，并参与企业的活动，提高三地人才的综合素质。

（5）全方面监督人才政策的落实，科学评价人才政策的实施效果。在落实具体的人才政策时，必须由相关的组织或部门对人才政策的落实进行监管与规范。健全监管制度，需要建立相应的监管机构。京津冀三地的人才工作领导小组可以起到一个桥梁作用，在人才工作领导小组下设立一个监督机构，定期向人才工作领导小组汇报人才政策的落实情况，同时也要由人才工作领导小组定期向中央汇报，这样才能更好地掌握人才政策的不合理之处。但是，全方位监督并非全程监督，要给地方自由发挥的余地，倡导在总体上保持不变的情况下，推动人才政策的创新。同时，要严惩违规、违规行为；要严格控制人才培养基金和科技创新基金的使用，防止基金被挪用、套用。

　　另外，还应定期对京津冀人才政策的实施效果进行科学的评价，尤其是在京津冀三地建立统一的人才选拔和培养机制后，为了克服人才政策的不确定因素，可以先在京津冀三地进行小规模的试点，及时对人才政策的实施效果进行科学的评价，并对存在的问题进行整改，最终在京津冀三地全面推广人才政策。及时对人才政策的实施效果进行科学的评价，可以使人才政策更好地发挥作用。

2.2　京津冀 R&D 人才一体化

2.2.1　京津冀 R&D 人才一体化现状

　　区域的科技创新能力主要是由人才的学历、研发总量、研发经费、专利授权、新产品研发等因素来确定的。根据《中国科技统计年鉴 2020》可知：

北京市拥有 464178 个科研人员,其中 200142 个具有本科学历、96525 个具有硕士研究生学历、108386 个具有博士研究生学历。天津市拥有 143888 个科研人员,其中 66378 个具有本科学历、24386 个具有硕士研究生学历、16815 个具有博士研究生学历。河北省拥有 183151 个科研人员,其中 72966 个具有本科学历、31539 个具有硕士研究生学历、9165 个具有博士研究生学历。从这一点来看,北京市的科研人员在总量上远远超过了天津市和河北省,科研人员中具有研究生学历的数量也比天津市和河北省多。由此可见,京津冀三地在研发人才方面有很大的差距。

北京市 R&D 经费的投入要比天津市和河北省的总和高;北京市 R&D 经费的投入强度在 2019 年达到了 6.3%,比中等发达国家高 3%;北京市在仪器设备上的投入高达 179 亿元左右,是天津市和河北省总和的 2.5 倍。由此可以看出,京津冀地区在研发合作方面存在更大的发展空间。

北京市的专利授权总量为 131716 件,远高于天津市(57799 件)和河北省(57809 件)。北京市的新产品研发项目实现了 2189 亿元的销售收入,远远高于天津市(823 亿元)和河北省(623 亿元)。

根据上述数据可知,北京市具有得天独厚的地理优势和人才优势,加上国家的大力支持,北京市的研究与试验发展(R&D)人才具有显著的优势,在专利申请、新产品研发方面,天津市和河北省与北京市有很大的差距。

2.2.2 京津冀 R&D 人才流动存在的问题

京津冀地区正在不断推进人才一体化,这必然会加快人才的双向流动和人才资源的整合。随着高层次人才的共享、人才创业基地的建立、政策上的衔接、合作范围的扩大，京津冀 R&D 人才流动存在以下问题，需要不断完善。

1）R&D 人才流动缺乏统一规划，产业同构导致人才流动不合理

根据《国家中长期人才发展规划纲要（2010—2020 年）》，北京市将朝着国际化大都市方向的发展，特别是要在公共领域（如科教、文卫、社会等）培养和引进世界一流的人才。天津市和河北省以发展工业为主，但人才引进体制不合理，缺乏 R&D 人才。R&D 人才缺乏的领域主要集中在石油化工、设备制造、医药、新材料、金融、电子商务、物流管理、环保等。由于 R&D 人才流动缺乏统一规划，使得京津冀三地无法从整体的角度考虑人才流动，加剧了行业之间的同构化程度，以及对人才、技术、资本的争夺，使三地不能按照自己的特点发展，形成了无序竞争的格局，造成了资源浪费。

2）人才合作统筹层次较低，难以形成深度、有效的人才合作机制

虽然京津冀三地联合有关部门，与有关单位签订了合作协议，但由于京津冀三地在经济、社会、环保等多个领域都是相对独立的，因此并没有在经济、社会、环保等领域建立有效的协调机制。例如，跨省份的社保统筹、户籍问题、职业资格互认、博士后工作站合作协议、专家信息库建立、人才沟通平台建设等，这些都需要在更高层次的统筹下进行全方位协作、其他相关单位共同参与。当前，京津冀三地在人才合作上的规模较小，各层次的行政主体缺乏推动人才合作的动力。

3）京津冀三地在经济发展水平等方面的差距悬殊，导致 R&D 人才分布不平衡

由于京津冀三地在经济发展水平、教育水平、人才数量、人才质量等方面都有很大的差距，因此三地的竞争是必然的。北京市的经济发展迅速、文化环境和医疗卫生条件优越，对周边地区的 R&D 人才有很强的吸引力，从而吸引了大量的 R&D 人才。天津市和河北省，尤其是河北省的大量 R&D 人才流向了北京市。河北省现有的经济发展水平不能满足 R&D 人才的需要，在国家级学科、实验室和工作站等方面，与北京市和天津市都有很大的差距，R&D 人才的大量流失加剧了河北省 R&D 人才的紧缺程度。

2.2.3 京津冀 R&D 人才一体化的建议与对策

1）采用人才交流的方法吸引人才，加强京津冀三地的沟通与协调

京津冀三地在人才资源的开发方面存在巨大的差距，采用人才交流的方法吸引人才，加强三地的沟通与协调，既可以缩小人才资源开发方面的差距，也是当地经济和社会发展的现实需求。例如，河北省可以充分发挥与京津两地接壤的优势，积极采取措施，通过建设创业园、举办人才洽谈会、组织大学生创业竞赛等方式，吸引京津两地的人才到河北省创业、就业，为河北省的发展提供优质人才。同时，京津两地也可以组织一系列的人才交流活动，引进其他地方的优秀人才，为经济发展注入新鲜血液。

2）发挥高等教育资源的基础性作用，推动京津冀人才合作

北京市是我国优质高等教育资源的集聚地，拥有众多的"211 工程"大学、"985 工程"大学、实力雄厚的科研机构，以及国内顶尖的专家学者。一方面要充分利用各方面的优势，广泛开展人才的交流活动；另一方面，要充分认识到京津冀三地在高等教育发展水平、毕业生知识层次方面存在的差距，河北省要继续加大对高等教育的投入、推进学科结构的调整、促进地方经济发展，北京市和天津市也需要调整当地高校的生源结构，从而为产业的梯度转移提供人才支持。

3）结合北京市建设国际化大都市的实际，着力构建有进有出的人才双向大循环

北京市人口数量众多，面临巨大的生态压力，推动京津冀协同发展，将北京市的人口转移到周边城市，是深化人才一体化、促进合作共赢的必然选择。

第一，要实现"堵"和"截"的结合，既要尊重和运用市场机制，又要调整公共服务，如北京市的水、土地、公共交通等要反映市场供需，从而合理调整人才流动。

第二，要逐渐实现北京市与周边城市的公共服务一体化。

第三，要通过各种途径来推动人才流动。特别是要在中央的支持下，抓住建设创新型国家与和谐社会这一战略契机，通过各地政府间的协议，以及经济、社会保障、行政等手段，积极鼓励 R&D 人才走出北京市，为外地服务。

第四，要把握好京津冀协同发展的机遇，通过产业、技术和人才等的输出，引导北京市的人才流向周边城市。例如，围绕河北省

的曹妃甸和黄骅港，引导北京市的人才向沿海产业带的转移；以廊坊、香河、三河、燕郊、涿州、固安为中心，大力发展北京市周边的人口经济带。

4）发挥 R&D 人才的主导作用

京津冀地区的科技总体实力雄厚，R&D 投入占我国总投入的16.9%，R&D 人才全时当量占全国的 13.1%，发明专利授权总量在全国总量的 18%，科技实力位居全国前列。目前，我国要把科技优势转变为发展优势，通过建立面向京津冀地区的科研成果交易服务平台、完善京津冀三地的科技创业投资体系并加大财政支持力度、充分发挥中关村自主创新示范区和滨海新区一体化配套改革的政策优势，可以把京津冀地区的相对优势综合在一起，从而建立合理的人才队伍，促进装备制造、新技术、现代服务业等主导产业的发展。

5）实施人才政策对接工程和开放工程，加强京津冀地区的合作交流，加速人才一体化

对于京津冀三地政府而言，一方面要坚决落实《劳动合同法》《科学技术进步法》《就业促进法》等法规；另一方面要在现有的政策下，以对接和开放为核心，进行合理的试验和突破。一是要实施人才政策对接工程，对京津冀地区现行的人才政策进行全面评估，逐步破除各项政策之间的差异和壁垒，加快京津冀地区的人才流动和培养。二是实施人才政策开放工程，围绕党政人才选拔交流、专业技术人才使用评价、企业经营管理人才聘用激励、高层次人才培养、农业实用技术人才创业致富等关键环节，互相开放人才政策，实现京津冀地区人才的公平进入和共同发展。

第 **3** 章

京津冀人才流动

为了全面掌握我国的研究与试验发展（R&D）情况，应对新形势下宏观管理的新需求，国家统计局、科学技术部、国家发展和改革委员会、教育部、财政部、国家国防科技工业局定期对我国的 R&D 资源进行清查，并且每年都会出版《中国科技统计年鉴》。

本章以京津冀地区的、在国民经济中 R&D 相对密集行业的法人单位为研究对象，以《中国科技统计年鉴 2020》的数据为依据，主要分析 R&D 人才、R&D 经费、R&D 项目（课题）、各类科研等相关情况。

3.1　京津冀 R&D 人才情况和 R&D 资源情况

总体来讲，2020 年是不同寻常的一年，在新冠肺炎疫情的冲击下，国际国内形势错综复杂，我国的 R&D 经费持续快速增长，为战胜疫情、建设小康社会提供了有力保障。国家统计局的张启龙对《2020 年全国科技经费投入统计公报》进行了解读。在 2020 年，我国研发投资总额达到了 2.4 万亿元，同比增长 10.2%，继续保持了"十三五"以来的两位数增长；但由于新冠肺炎疫情的原因，研发投资增速同比下降 2.3 个百分点。因为 R&D 经费的增长速度高于 GDP 的增速，R&D 经费的投入强度（占 GDP 的比重）为 2.40%，较去年增加了 0.16 个百分点，增幅为近 11 年来的最高水平。从世界范围来看，我国 R&D 经费的总体规模持续增长，在世界范围内处于领先地位，在投入强度上也有所加速。2020 年，我国 R&D 经费的总额达到美国的 54%，比日本高 2.1 倍，稳居全球第二；2016—2019 年，我国 R&D 经费每年净增加 2000 亿元，相当于 G7（七国集团）成员每年增加了 60%，是推动世界 R&D 经费增长的重要动力。

2016—2019 年，我国的 R&D 经费平均每年以 11.8% 的速度增长，远远超过美国（7.3%）和日本（0.7%）。在世界各大经济体中，我国 R&D 经费的投入强度由 2016 年的第 16 名上升至 12 名，与经合组织（经济合作与发展组织，Organization for Economic Cooperation and Development，OECD）成员的平均水平相当。

3.1.1 京津冀 R&D 人才情况

京津冀 R&D 人才近年来呈现出不断加速增长的态势，2016—2020 年京津冀 R&D 人才全时当量如表 3-1 所示。

表 3-1　2016—2020 年京津冀 R&D 人才全时当量

地区	2016 年	2017 年	2018 年	2019 年	2020 年
北京市	25.33 万人年	26.98 万人年	26.73 万人年	31.40 万人年	33.66 万人年
天津市	11.94 万人年	10.30 万人年	9.95 万人年	9.25 万人年	9.06 万人年
河北省	11.14 万人年	11.32 万人年	10.33 万人年	11.18 万人年	12.51 万人年

2016—2020 年京津冀 R&D 人才全时当量的柱状图如图 3-1 所示。

1）北京市 R&D 人才情况

北京市在 2019 年按实际工作时间计算的 R&D 人才全时当量约为 31.40 万人年，其中基础研究人员全时当量约为 6.35 万人年，约占 20.2%；应用研究人员全时当量约为 9.25 万人年，约占 29.5%；试验发展人员全时当量约为 15.80 万人年，约占 50.3%。

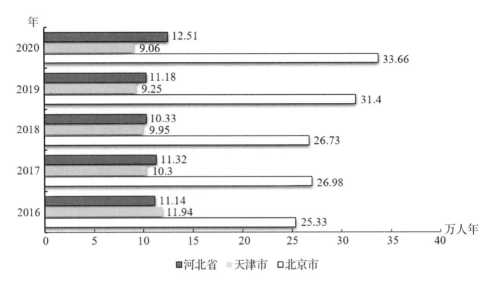

图 3-1　2016—2020 年京津冀 R&D 人才全时当量的柱状图

2）天津市 R&D 人才情况

天津市在 2019 年按实际工作时间计算的 R&D 人员全时当量约为 9.25 万人年，其中基础研究人员全时当量约为 0.92 万人年，约占 10%；应用研究人员全时当量约为 1.38 万人年，约占 15%；试验发展人员全时当量约为 6.94 万人年，约占 75%。

3）河北省 R&D 人才情况

河北省在 2019 年按实际工作时间计算的 R&D 人员全时当量约为 11.18 万人年，其中基础研究人员全时当量约为 0.71 万人年，约占 6%；应用研究人员全时当量约为 2.24 万人年，约占 20%；试验发展人员全时当量约为 8.23 万人年，约占 74%。

3.1.2 京津冀 R&D 资源情况

根据《中国科技统计年鉴2021》的统计数据,表3-2给出了2016
—2020年京津冀的 R&D 经费投入强度。从表3-2可看出,北京市
的 R&D 经费投入强度遥遥领先,甚至高于天津市和河北省之和,
河北省投入量较低。

表 3-2 2016—2020 年京津冀的 R&D 经费投入强度

地区	2016 年	2017 年	2018 年	2019 年	2020 年
北京市	5.49%	5.29%	5.65%	6.30%	6.44%
天津市	4.68%	3.68%	3.68%	3.39%	3.44%
河北省	1.35%	1.48%	1.54%	1.62%	1.75%

2016—2020 年京津冀的 R&D 经费投入强度的折线图如图 3-2
所示。

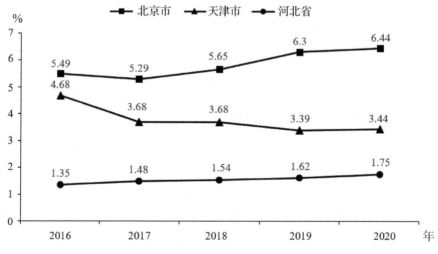

图 3-2 2016—2020 年京津冀的 R&D 经费投入强度的折线图

1）R&D 项目（课题）情况

根据《中国科技统计年鉴 2021》的统计数据，京津冀三地高校的 R&D 项目有明显的区别，北京市高校的 R&D 项目数量遥遥领先，由此可见北京市较为重视 R&D 项目。相比较而言，天津市、河北省与北京市有较明显的差距。京津冀三地高校的 R&D 项目数量饼状图如图 3-3 所示。

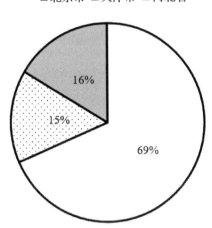

图 3-3　京津冀三地高校的 R&D 项目数量饼状图

2）科技产出（发表科技论文与发明专利）

根据《中国科技统计年鉴 2021》的统计数据，表 3-3 给出了京津冀地区在 2020 年的科技产出情况。

图 3-4 所示为京津冀地区在 2020 年的科技产出柱状图，从中可以看出，相比天津市和河北省，北京市具有较大的优势，科技产出数量明显高于天津市和河北省。科技产出情况可在某种程度上反映

出教育水平和研究方向，北京市的科技产出在京津冀地区占据领先地位。

表 3-3　京津冀地区在 2020 年的科技产出情况

科技产出	北京市	天津市	河北省
发表科技论文/篇	126570	34443	34938
发明专利/项	19575	6875	7378

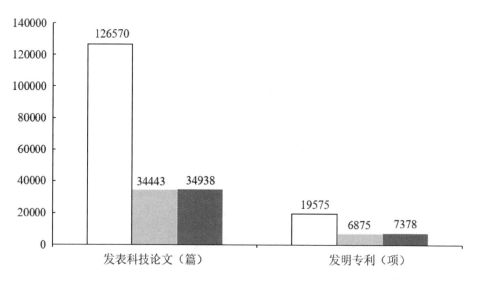

图 3-4　京津冀地区在 2020 年的科技产出柱状图

3）人口数量

2016—2020 年京津冀三地的常住人口数量如表 3-4 所示，从中可以看出，河北省的常住人口最多，其次是北京市的常住人口，天津市的常住人口最少。北京市的常住人口数量在 2016—2020 年有一定程度的增加，河北省和天津市的常住人口数量有下降的趋势，由此可以看出，京津冀三地存在人口流动转移的现象。

表 3-4 2016—2020 年京津冀三地的常住人口数量

时 间	北京市	天津市	河北省
2016 年	2173 万人	1562 万人	7520 万人
2017 年	2171 万人	1557 万人	7488 万人
2018 年	2154 万人	1560 万人	7545 万人
2019 年	2154 万人	1562 万人	7592 万人
2020 年	2189 万人	1387 万人	7461 万人

2016—2020 年京津冀三地的常住人口数量柱状图如图 3-5 所示。

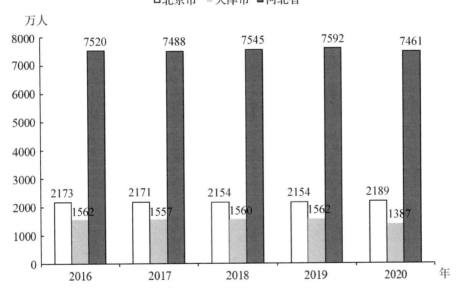

图 3-5 2016—2020 年京津冀三地的常住人口数量柱状图

4）京津冀三地的发展水平

当前，京津冀三地的发展水平仍然存在巨大的差距。

在经济发展水平方面，河北省在 2020 年的人均 GDP 仅相当于北京市的 29.4%、天津市的 47.8%。此外，京津冀地区经济发展动力转换接续的矛盾日益凸显，经济下行压力高于其他地区。其中，自 2017 年以来，天津市连续三年的 GDP 增速均落后于全国平均水平，2020 年的 GDP 增速仅为 0.2%，位列全国倒数第 2 名，仅高于受新冠肺炎疫情冲击最为严重的湖北省。

在教育、医疗等民生资源方面，根据高德地图的信息点（Point of Interest，POI）数据显示，截至 2021 年 4 月，北京市每万人拥有各类学校 1.01 所，分别大约是天津市和河北省的 1.9 倍和 3 倍；北京市每万人拥有的医疗机构达 5.46 个，分别大约是天津市和河北省的 1.45 倍和 1.51 倍。

在产业结构方面，京津冀三地的第三产业发展水平有明显的差距。2020 年，北京市、天津市、河北省第三产业的增加值分别为 30278.6 亿元、9069.5 亿元、18729.6 亿元，分别占当地 GDP 的 83.9%、64.4%、51.7%。河北省第三产业在 GDP 中的占比虽然有所上升，但仍大幅度落后于北京市和天津市。

2011—2020 年京津冀地区人均 GDP 柱状图如图 3-6 所示。

5）生态环境

2014 年以来，京津冀地区在协同治理雾霾方面取得了阶段性成果，京津冀地区的空气质量不断改善，空气质量为优或良的天数大幅增加。根据生态环境部的监测数据，从综合反映空气污染程度的空气质量综合指数来看，2014 年以来京津冀地区的空气质量综合指数呈持续下降的态势。2021 年 1—6 月较 2014 年同期降幅普遍超 40%，降幅最大接近 60%。2014—2021 年以来京津冀地区空气质量综合指数如图 3-7 所示。

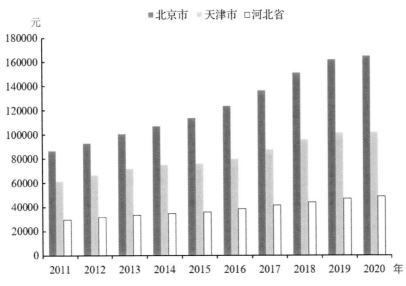

图 3-6　2011—2020 年京津冀地区人均 GDP 柱状图

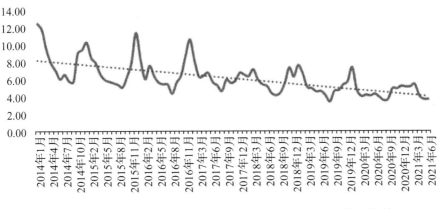

图 3-7　2014—2021 年以来京津冀地区空气质量综合指数

另一方面，京津冀地区海河流域水质稳步向好。根据生态环境部河道及断面监测数据分析显示，2021 年 6 月京津冀地区海河流域Ⅰ～Ⅲ类水质占比高达 54.90%，较 2014 年 6 月提高 15.9 个百分点；劣Ⅴ类水质占比则减少到 2.10%，较 2014 年 6 月份大幅下降近 40

个百分点，水质污染等级也由重度污染下调至轻度污染。2014 年以来京津冀地区海河流域水质类别如图 3-8 所示。

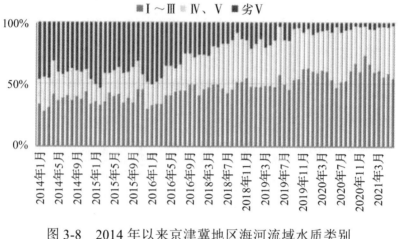

图 3-8   2014 年以来京津冀地区海河流域水质类别

虽然京津冀地区的生态环境在近几年得到了明显的改善，但在空气质量、区域环境协同治理等方面仍存在难点。当前，京津冀地区的大气污染物排放总量仍超过环境容量。生态环境部的环境监测数据显示，2021 年 2 月，在全国空气污染最严重的 25 个城市中，有 7 个城市属于京津冀地区。

京津冀地区的水资源较为匮乏。2019 年，北京市、天津市、河北省的人均淡水资源量分别为 114.2 m^3、51.9 m^3、149.9 m^3，低于国际极度缺水标准。此外，区域环境治理与生态建设协同亟待深化。京津冀地区的生态治理仍处于各自为政的状态，还没有形成一套科学、长效的联防联控机制。京津冀地区的相关政策法规尚不完善，在明确主体责任、划定作用边界、确定出资比例等关键性问题上仍存在争议，治理手段"一刀切"等现象仍有发生。京津冀地区的生态治理水平参差不齐，尤其是在水污染排放标准限值、环境保护税税额标准等方面，三地仍存在一些差异。

6）交通建设

在公路建设方面，京津冀地区在"十三五"期间累计打通 27
条"断头路""瓶颈路"，共 1600 km。高德地图的数据显示，相较
于 2017 年 4 月，北京市、天津市、河北省的高速公路总里程在 2021
年 4 月分别增长 22.9%、4.3%、22.4%。2021 年 4 月，京津冀地区
城市间自驾车跨城热度指数前十的起止城市均有北京市或天津市，
这表明以北京市和天津市为核心的多城联动格局正在加快形成。
2021 年 4 月京津冀地区城市间自驾车跨城热度指数如图 3-9 所示。

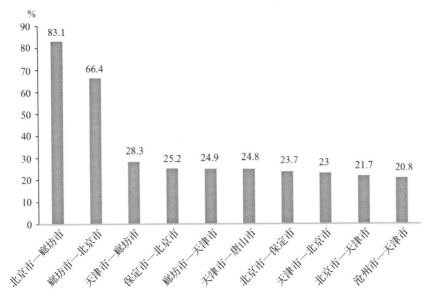

图 3-9　2021 年 4 月京津冀地区城市间自驾车跨城热度指数

在铁路建设方面，随着京张高速铁路、京沈高速铁路的开通，
北京市与"津石保唐"及周边城市之间均可实现 1～1.5 小时的快速
交通，围绕北京市的"一小时交通圈"已经形成。2020 年 12 月 27

日，连接北京市和雄安新区的京雄城际铁路全线开通运营，从北京西站到雄安新区最快仅需 50 分钟，极大地拉近了京津冀地区城市间的时空距离。

在航空建设方面，邢台机场的开工建设为京津冀世界级机场群又添一新星；京冀交界的大兴国际机场建成投运，不仅标志北京市"飞"入航空双枢纽时代，也将成为雄安新区的"空中门户"，促使京津冀地区航空经济释放更大的活力。

3.2　京津冀 R&D 资源及人才流动现状

在我国经济发展过程中，形成了以上海市为中心的长三角经济圈，以及以广州市、深圳市为中心的珠三角经济圈。作为全国的政治、文化、国际交往和科技创新中心，北京市可以辐射天津市和河北省的经济发展，形成新的经济圈—京津冀经济圈。京津冀经济圈的无序过度竞争、重复建设等问题的突出，使京津冀协同发展成为大势所趋。无论从国家整体发展的角度考虑，还是从解决生态环境问题、经济发展可持续性的角度考虑，都要求京津冀协同发展，承担我国经济增长的重任。

3.2.1　京津冀 R&D 资源现状

京津冀经济圈包括 2 个直辖市、1 个省会城市和 11 个地级市，既是我国北方地区发展最快、规模最大的经济圈，也是环渤海经济区的核心区域。在京津冀经济圈中，各地区根据发展水平由高到低的顺序，形成发展梯度，各地区的融合程度低，竞争力不强。

在区域内成立科技创新战略联盟，可促进区域内科技资源的综合与高效利用。R&D 资源的开发利用是科技创新的一个关键环节，R&D 资源的有效利用将直接影响科技资源的有效利用。

2019 年北京市流向河北省和天津市的技术合同成交额超过 210 亿元，仅占北京市流向外省市全部技术合同成交额的 9.86%，有 90% 以上的技术合同流向了河北省和天津市以外的区域，特别是长三角、粤港澳等地区。这说明北京市的创新成果在京津冀地区的产业转化方面明显不足。导致转化不足的一个原因是创新供给和需求之间不匹配。以北京市和河北省的情况为例，调查显示 2020 年北京市创新成果供给前三位的行业是科学研究和技术服务业、制造业，以及信息传输、软件和信息技术服务业；而河北省创新需求前三位的行业是制造业、批发和零售业，以及建筑业。这种错位在一定程度上制约了京津冀地区的整体产业转型升级。

当前，天津市和河北省的传统优势产业是制造业，北京市要不断扩大外资规模，把生产要素转移到天津市和河北省，发挥京津冀地区的相对优势，推动京津冀地区产业结构的转型升级。充分利用京津冀地区产业结构的差异，可以引导更多的资金流向周边省份，从而促进资金的有效使用。北京市在利用外商直接投资、转移生产职能的同时，也要加强与天津市和河北省的工业合作，推动京津冀地区的工业发展。北京市第一产业的产值在 GDP 中的占比较低；第二产业的作用也在逐步削弱，但第二产业的产值在 GDP 中的占比在逐年增加，对 GDP 的贡献较大，这一趋势与北京市的长期发展战略相吻合。因此，要调整北京市的城市功能，让北京市发挥政治、文化、国际交往和科技创新中心的作用，发展总部经济，把生产、加工等产业通过外资逐渐转移到天津市和河北省，北京市只保留研究与销售，即"微笑曲线"的两端。

天津市是京津冀地区的重要城市，其区位条件优越、工业基础深厚、经济发展迅速。天津市要发挥自身的优势，发挥本地的比较优势，积极吸引外资进入制造业。只有把外资投向那些具有传统竞争优势的行业，才能使外资的溢出作用和协同作用得以充分发挥。如果天津市的制造业能够充分利用外资，则不但可以提高生产效率，还可以带动天津市的本地出口。现代服务业（如现代运输、现代商业、金融保险、中介服务等）离不开外资的外溢，天津市可依托其金融贸易和交通枢纽的优势，借助外资，将自身打造成环渤海地区的重要港口和区域经济中心。

河北省的工业结构与北京市和天津市有很大的差异。河北省是一个传统的农业大省，在生产要素和技术水平上都具有比较优势。第二产业是推动河北省 GDP 增长的主要动力，因此河北省要立足于自身的实际情况，认清优势产业、正确定位、抓住发展的机遇，与北京市和天津市进行错位竞争。河北省要明确自身的竞争优势，积极营造有利的环境，把京津冀地区的"梯度带"作为今后工业发展的重点，弥补区域梯度的差距，为北京市和天津市吸引外资创造有利条件。河北省要把重点放在有发展优势的地区，加强对有发展优势地区的投资。河北省的石家庄市和唐山市具有较长的工业生产历史和强大的工业生产资源，具有丰富的资本、劳动力和土地资源，可以满足北京市和天津市的工业转移需求。河北省的各城市要充分重视传统工业和资源禀赋，加强政策扶持，完善生产和基础设施，突出比较优势，深化招商意识，以建设配套产业加工基地为目标，将省内经济基础较好的城市发展成为外资集散中心，将承德市、邯郸市、邢台市、张家口市等经济基础较差的地区，打造成外资的第二辐射城市。

　　京津冀地区要加强经济交流和协作，推动京津冀协同发展。北京市、天津市将其边缘产业扩展到河北省，将带来一系列的技术溢出、示范、就业、竞争。河北省的企业可以利用这一机会，提升自己的生产效率和管理能力，并在北京市和天津市之间建立一个良好的产业链和产业梯度，从而将北京市和天津市的企业转移到其他地方，实现拉动和辐射的效果。这样，京津冀地区的经济联系将会进一步加强，从而推动生产要素的自由流通，有利于京津冀地区的产业结构重组，实现京津冀地区的资源共享，从而形成一个良性的分工合作循环。京津冀地区将会进行产业结构调整：北京市将以资金和技术密集型产业为主，以研发和营销为中心；天津市依靠制造业、电子信息和现代服务业等优势，发展海洋经济；河北省依靠农副产品、工业制成品、矿产品，以及其他重工业产品，形成多元化的工业集聚中心。

　　京津冀地区的技术发展因产业的不同而有所差距。北京市凭借自身的技术优势和人才优势，积极发展高技术产业，2006 年北京市高技术产业的产值在国内排名第四，2009 年跃居国内第二；天津市是我国制造业的主要城市；河北省的资源十分丰富，是重要的钢铁生产、纺织和化工生产基地，制药工业在国内排名第一。因此，京津冀 R&D 资源的配置会有所不同。根据全国 R&D 资源清查综合资料汇编的数据可知，2009 年京津冀 R&D 人才在部分行业的配置如表 3-5 所示。

表 3-5　2009 年京津冀 R&D 人才在部分行业的配置

行　业	北京市 R&D 人才/万人年	天津市 R&D 人才/万人年	河北省 R&D 人才/万人年
农、林、牧、渔业	420	75	155
采掘业	1516	3316	5590
制造业	50697	37547	44431
电力、煤气及水的生产和供应业	213	319	411
建筑业	701	603	897
地质勘探、水利管理	402	202	1123
交通运输、仓储及邮电通信	501	171	290
社会服务	3012	501	52
卫生、体育和社会福利业	4012	1517	2013
教育、文化艺术及广播电视业	16302	4035	5013
科学研究和综合技术服务业	56170	6012	5011

2009 年京津冀 R&D 人才在部分行业的配置柱状图如图 3-10 所示。

首先，就 R&D 资源的投入而言，北京市在科技、社会服务、文化、艺术、影视、电视等领域的投入，充分反映了北京市是一个国际化大都市，符合高水准科技服务业发展的特征；天津市和河北省的 R&D 人才在总体上比北京市少，这是因为北京市拥有大量的高校和科研机构，具有一定的高等教育优势。河北省的 R&D 资源投入主要集中在地质勘查、水利管理、采掘业、建筑业以及其他资源性行业，这也从一个侧面反映了河北省的产业特征，体现了国家的政策导向，即河北省以第二产业为主导。研究结果显示，河北省 R&D 资源在农业研发中的占比与其作为一个农业大省的地位不符，需要进一步加大农业科技创新的力度。

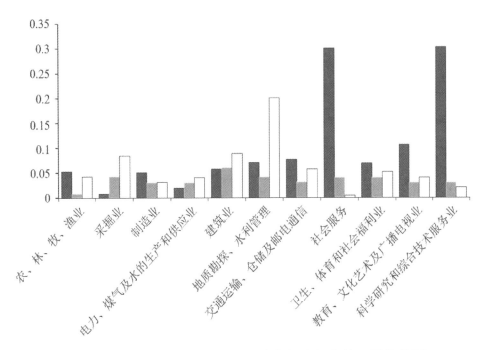

图 3-10　2009 年京津冀 R&D 人才在部分行业的配置柱状图

其次，从京津冀 R&D 经费在部分行业的配置来看，北京市、天津市、河北省 R&D 经费在部分行业的配置体现出三地各自的优势和发展重点，这是一种很好的资源补充。2009 年京津冀 R&D 经费在部分行业的配置如表 3-6 所示，从中可以看出，北京市在科学研究和综合技术服务业投入的 R&D 经费超过总额的 1/3；河北省的 R&D 经费主要投在资源行业，占总额的一半；天津市在各行业投入的 R&D 经费相对均衡，重点不突出。河北省在农、林、牧、渔业的 R&D 经费的投入不大，在一定程度上限制了农业科技创新。

表 3-6　2009 年京津冀 R&D 经费在部分行业的配置

行　　业	北京市 R&D 经费/万元	天津市 R&D 经费/万元	河北省 R&D 经费/万元
农、林、牧、渔业	5799	1209	2003
采掘业	33239	105420	149896
制造业	1083164	1077248	824328
电力、煤气及水的生产和供应业	4012	1362	2134
建筑业	2415	6251	3764
地质勘探、水利管理	4052	769	26312
交通运输、仓储及邮电通信	5208	4102	3603
社会服务	24223	5682	225
卫生、体育和社会福利业	20556	3354	5012
教育、文化艺术及广播电视业	178663	26345	29865
科学研究和综合技术服务业	987462	60155	47123

2009 年京津冀 R&D 经费在部分行业的配置柱状图如图 3-11 所示。

1）京津冀地区的 R&D 资源现状

京津冀地区的融合示意图如图 3-12 所示，河北省的市场投资环境一体化程度低，基本呈现内循环发展方式，尚未充分融入北京市和天津市的开放市场。京津冀地区的跨区域发展一体化程度低，彼此相对封闭，尚未形成真正的融合互动格局。京津冀地区产业的一体化程度低，区域专业化分工相对独立，河北省尚未有效利用北京市和天津市的优势来促进自身发展方式的转变。京津冀地区的经济对接程度低，区域联系呈现垂直一体化，总体处于低级阶段。

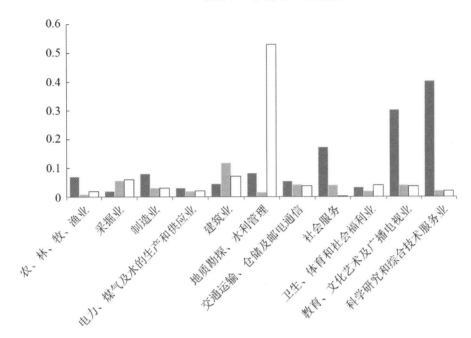

图 3-11 2009 年京津冀 R&D 经费在部分行业的配置柱状图

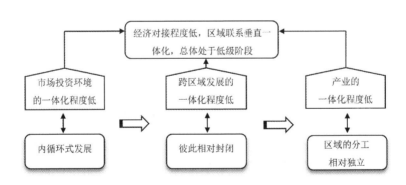

图 3-12 京津冀地区的融合示意图

北京市和天津市在我国北方地区经济中的作用是不容忽视的。北京市由于其自身的特色，在北方地区形成了强大的"虹吸力"。北京市在文化、教育、医药、尖端技术等方面较为发达，但也进入了低端的制造业，吸纳了大批的京城务工人员，使北京市的雾霾、交通拥堵等"大城市病"日益凸显。由于北京市的"虹吸"作用，天津市在渤海地区的经济、金融中心的地位正在逐步被蚕食。

天津市在这一契机下，将向多个方向发展高端产业，与北京市、河北省形成错位发展的态势，以凸显其经济中心、北方航运物流中心和金融中心的作用。《京津冀人才开发一体化合作协议》的签署，使京津冀地区在人才开发、资源共享、政策协调、制度衔接等方面得到了进一步的推动。

2）京津冀协同发展现状

京津冀人才资源的协同发展受到一些矛盾和问题的制约，三地的人才资源配置极为不平衡，但随着京津冀协同发展战略的落实，必然会对京津冀地区的人才流动产生重大影响。京津冀地区的人才资源整合要由中央统一部署，三地要因地制宜，按照人才的需求规律来开发人才资源。

京津冀协同发展已步入快车道，三地加快了技术、项目、信息、成果等方面的合作和交流。北京市和天津市向河北省输送的不仅有资金、技术，还有人才资源。北京市和天津市的人才资源具有显著的优势，河北省在人才资源方面与北京市和天津市有很大的差距。高层次人才的大量流失，使河北省近年来在京津冀人才合作中获益比北京市和天津市小得多。河北省要将北京市和天津市的技术、智力优势转化为强劲的发展动力，将北京市和天津市丰富的人才资源转化为工业实力，充分发挥京津冀协同发展的优势，推动京津冀区域经济的融合。京津冀地区要加强教育投入、医疗卫生投资、科技投入等，重视吸收国外先进的思想和做法，为区域经济的发展提供高质量的人才、强大的技术支持。要实现京津冀地区的人才协同发展，必须以政策引导、共赢共享，以市场为导向建立健全京津冀三地的人才队伍制度，在京津冀地区形成一个相互协调、竞争有序、定位准确的人才生态圈，为三地统筹发展提供强有力的保障。

3）京津冀协同发展背景下的人才需求结构

（1）产业结构决定了人才需求结构。在经济发展的过程中，产业结构将会不断地破除原有的壁垒，从而达到更高的经济增长速度，实现工业资源的最优化，实现技术水平的调整。技术进步和产业结构调整是相辅相成、相互促进的。能级是指人才的层次，人才的能级和产业结构的关系非常紧密。从京津冀地区的以往情况来看，当产业结构相对单一时，往往处于人才需求结构的底层。随着京津冀协同发展的不断深化，高技术产业的不断发展，也在不断促使人才需求结构发生变化。科技创新已经成为产业发展的有力武器，人才也成为产业发展的重要因素。企业的核心工作是使资源得到最大限度的利用，使企业的科技创新获得最大的收益。产业结构对人才需求结构有决定性的影响。

（2）产业结构的转型提出了新的人才需求。英国古典经济学家亚当·斯密认为"职业是经济发展之源"。在过去相当长的一段时期，我国的产业结构一直是劳动密集型的。随着经济全球化和科技革命的不断创新，我国的产业结构正在逐步向知识密集型转型，这种产业结构转型提出了新的人才需求，产业的专业化对人才的知识结构提出了更高的要求。劳动密集型的产业结构并不需要太多的知识和技术，但知识密集型的产业结构需要更多的知识和技术。产业结构的优化，需要具备创新思维、复合型知识、高质量的人才。构建多元化、多层次、多维度的人才结构，是实现产业结构优化的基本途径之一。

（3）产业结构对人才的培养方式产生了一定的影响。科技进步使人才需求发生了质变，技术尖端性、集成性加剧了市场竞争，人才优势逐渐显现。随着技术的变革，人才需求水平也随之发生变化。从当前的产业环境来看，尖端、复合型、创新型人才严重不足。随着经济全球化的不断发展，人才流动将变得越来越频繁，如何留住人才已成为企业科技创新的重要因素。因此，京津冀地区必须根据产业结构，调整人才培养方式，以满足新的技术需求。

3.2.2　京津冀人才流动现状

在知识经济的飞速发展中，人力资本已经成为影响一个地区甚至一个国家经济发展的重要因素。尽管京津冀三地在地理位置、文化渊源、空间位置等方面有密切的联系，但三地的经济发展水平却存在很大的差距。北京市是全国的政治、文化、国际交往和科技创新中心，具有资源和经济发展的绝对优势，是享誉世界的国际化大都市。天津市是中国北方地区最大的工业城市，也是我国重要的港口城市，其经济发展势头强劲。与北京市和天津市相比，河北省的经济发展水平要低得多。

京津冀协同发展是当前学术界普遍关心的问题。贾冀南指出，造成京津冀地区发展不平衡和不协调的主要原因之一是各地的人才资源配置的不平衡。王静丽认为，北京市的"虹吸"效应与集聚效应使京津冀地区的发展呈现出一种不平衡的局面。陈亮等人以2000—2015年的相关统计数据为基础，通过对京津冀地区经济差距逐步拉大的情况进行实证分析，认为人力资本是解决京津冀协同发展的薄弱环节和缺陷的唯一途径。陆杰华等人从京津冀协同发展的角度，探讨了河北省人口流动的特点和存在的问题，并提出了相应的解决办法。

从整体上看，京津冀协同发展已经进入了实施阶段，并在全国范围内形成了一个新的亮点。区域经济一体化必然导致区域人才资源整合。区域人才资源整合是指在区域内通过持续的人才资源共享，以及政策、体制、服务的衔接，建立区域人才资源开发的协作机制，破除地域或部门的局限，逐步实现区域内的人才自由流动和人才资源的优化配置，以最大限度地发挥人才资源的优势，达到高效使用人才的目的。

京津冀地区拥有丰富的人才资源，但在分布、配置、开发策略等方面存在差距，由于人才资源共享无法实现，所以限制了京津冀地区综合优势的发挥。整合和发展京津冀地区的人才资源，实现优势互补、资源共享，能够有效地缓解人才供求的矛盾，最大限度地满足各地的需求，为区域提供共同发展的空间。京津冀人才一体化已经成为必然，在科技创新和产业互补方面具有很好的发展前景。

京津冀地区的人才资源分布非常不平衡。北京市集聚了大量的 R&D 人才，天津市次之。天津市的 R&D 人才主要集中在高技术企业、科研机构和高校，应该建立高技术产业的研究和转化基地。河北省的科技创新主体是大中型企业，农业科技创新要比北京市和天津市多，应该把产学研结合起来，把传统的优势产业和农业科技创新作为核心。由于区位和经济发展的原因，河北省的农业产业相对比较发达，但 R&D 人才相对缺乏，应该采取"引进""借智"等策略，加大与北京市和天津市的人才合作力度，加快北京市和天津市科技转移与科技创业孵化基地的建设。京津冀协同发展作为一个国家战略，必然会对区域内的人才流动产生重大的影响。京津冀地区R&D人才资源的整合和发展，要以提升京津冀地区的科技创新能力为核心，通过建立区域创新系统来实现R&D人才的集聚和发展。

近年来，我国的人才市场日益成熟，人才市场已成为缓解人才供需矛盾的关键因素之一。目前，人才流动的主要途径是人才市场，通过人才市场，可以使人才得到择业的机会。同时，由于人力资本的存量和价值都较高，社会对人才的需求量也比较大。从科技创新的角度来看，如果一个科研团队在一定时间内都是固定的，则不仅会影响科研水平，还会影响创新成果。究其原因，在于科研团队的成员在彼此熟悉后，缺乏不同理念、不同创新特征、不同专业、不同科研风格的思维碰撞，很难激发出创新的火花。科技创新是一项具有创造力的活动，要求科技创新人才经常接触新事物、新思想，才能激发科技创新思维，获得满意的科技创新绩效。

京津冀地区充分认识到了京津冀协同发展对于推动自身发展的重要性，京津冀地区的人才合理流动是实现京津冀协同发展的关键之一，所以要对京津冀地区的人才流动现状和存在的问题进行深入的分析。

京津冀地区的经济发展水平不同，势必造成三地人才资源的不同，并对人才的流动产生一定的影响。本节依据《中国人力资本报告2021》中京津冀地区的人力资本在2005—2019年的统计资料，对三地人力资本的总量和人均量进行了梳理。在2005—2019年，北京市的人力资本增长最快；河北省的人力资本总量最多，河北省的人才资源开发与发展具有很大的潜力；尽管天津市的人力资本总量在持续增长，但仍不及北京市和河北省。

京津冀三地实际人力资本在2005—2019年的增长对比如图3-13

所示,京津冀三地实际人均人力资本在 2005—2019 年的增长对比如图 3-14 所示。

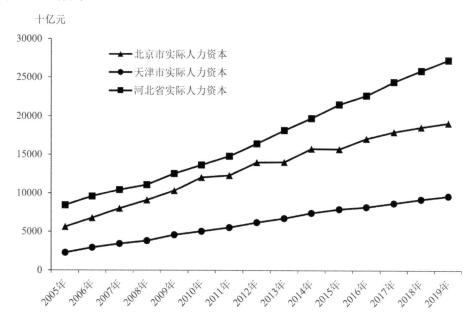

图 3-13　京津冀三地实际人力资本在 2005—2019 年的增长对比

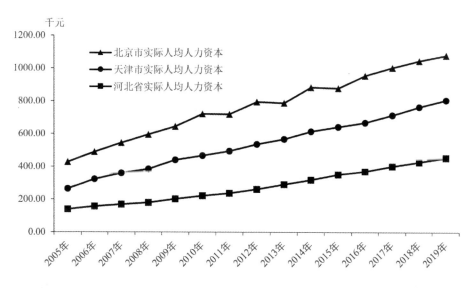

图 3-14　京津冀三地实际人均人力资本在 2005—2019 年的增长对比

北京市的实际人力资本和实际人均人力资本在 2005—2019 年整体上呈上升趋势，实际人均人力资本在三地中是最高的；天津市的实际人均人力资本比河北省高，但与北京市相比仍有一定差距，但实际人力资本在三地中是最低的；河北省的实际人力资本居三地之首，其原因是河北省人口众多，但实际人均人力资本是最低的，因此河北省在大力发展人才资源的同时，必须提高人才的质量。

在京津冀地区，北京市和天津市是科技创新人才的集聚地，而且近年来人才流动也在不断加速。与河北省相比，北京市和天津市对人才的吸引力更大。

我国在区域科技创新人才方面的研究尚处于初级阶段，尚未形成完整的理论体系，也缺乏比较科学的研究方法。目前的相关研究还存在一些不足之处：第一，已有的研究集中在区域 R&D 人才，而对区域科技创新人才这个特定群体的研究则很少。区域科技创新人才是我国科技创新人才中的核心和稀缺资源，需要从区域科技创新发展的角度出发，构建区域科技创新人才的研究体系；第二，还没有对区域科技创新的概念界定、内涵特征、理论框架、实证基础、政策支持体系等进行系统、深入的研究；第三，缺少对区域科技创新人才流动的系统研究，即缺少对环境因素、流动现状、动力机制，以及促进科技创新人才合理流动政策等的系统性研究。

1）京津冀人才流动现状

2014 年 9 月 29 日，北京市人力资源和社会保障局印发了《北京市人民政府关于加快发展人力资源服务业的意见》（简称《意见》）。《意见》旨在打通京津冀地区的人才市场，促进京津冀地区及环渤海地区人才的协同发展；推进"中国北京市人才服务产业园"

的建设,并将其作为服务业发展的重点。《意见》提出了十多条政策,包括产业引导、政策支持和环境建设,到 2020 年,北京市将拥有 1600 家人才服务机构,行业年营业总收入超过 1800 亿元,年均增速不低于 10%。

北京市不但在人才总量上远远超过了天津市和河北省,而且高层次人才也是天津市和河北省之和的十多倍。北京市的软硬环境对周边的人才具有很强的吸引力,吸引大量高层次人才向北京市集聚,河北省和天津市,尤其是河北省有大量的高层次人才流出。

区域经济发展水平的巨大差距,造成了我国高层次人才资源配置的失衡。尽管国家出台了相关的鼓励政策,但是目前的状况还需要不断改进。

2) 京津冀人才资源的整合

在"2015 第二届中国(河北)人力资源服务博览会暨创新创业成果展"上,河北诺亚人力资源开发有限公司和天津市地区最大的人才服务企业签订了合同,为京津冀人才资源的对接搭建了一个跨地域的交流平台。该平台对河北省的企业和个人都有很大的好处。针对京津冀地区劳动力市场的需求特征,该平台提出了提高人才质量的对策。利用该平台,可以把北京市和天津市的优秀人才引入河北省,服务河北省的企业,同时,天津市滨海新区和中国(天津)自由贸易试验区也将向河北省提供更多的工作岗位。

在信息时代,人才市场的发展也呈现出一种新的变化。微信招聘是另一个热门话题,这是一款以手机为基础的招聘工具,通过微信生成的个人简历页面简洁、美观、大方,使得复杂的求职过程变得更加方便快捷,受到了年轻求职人士的青睐。

目前，京津冀地区的人才资源已经实现了有效的对接，并产生了新型的微信招聘模式，旨在促进两地的人才流动，促进京津冀协同发展。

3）推进京津冀一体化试点示范工作

京津冀协同发展是一个复杂的系统工程，涉及的主体众多、领域广泛、层次复杂，必须立足现实，在有条件的地方优先发展，在交通一体化、生态环境保护、产业升级转移、创新驱动、公共服务、对外开放等领域先行先试，通过试点示范带动其他地区发展。

推进京津冀一体化试点示范工作的主要方向与重点包括以下几个方面：

（1）努力建设一批先行先试平台。实施北京市空港经济区改革试点、曹妃甸协同发展示范区、绿色发展先行区、绿色发展示范区。

（2）在重要领域进行先行试点。在交通运输方面，京津冀地区的重点城市要进行"一卡通"互联互通、汽车电子标识、货物多式联运、公路甩挂运输等的改革；在工业方面，京津冀地区要建立跨地区的合作园区或联盟，并鼓励中关村的企业在天津市和河北省建立技术转移基地。

（3）推进其他方面的试点工作。在社会保障、医疗等领域，选择一些城市率先进行改革；深化国有企业的混合所有制、私营经济的全面改革，逐步推进政府机构改革的试点工作。通过土地、财税、金融、对外开放等方面的试点和示范，促进区域整体协同发展。

从 2015 年开始，相关部门先后在京津冀地区进行了一批重要的改革试点工作。事实上，这并不是一件容易的事情。京津冀三地是相互独立的，各地的发展水平不一样，在经济、社会、环境等各方面都有不同的发展方向，需要更高层次的统筹，以及相关部门的配合。

3.3　京津冀人才资源调查数据分析

推动要素资源的集聚是科技创新人才集聚的驱动力，是实现资源优化配置的先决条件。在区域内集聚大量的科技创新人才，将极大地提高区域内的人才资源的效率，而人才自身所具备的内在增值作用与内在价值追求的资本属性，将对区域产业集聚产生显著的促进作用。通过对科技创新人才集聚的动力进行研究，可以促进区域内的资源集聚，促进区域经济的发展。张敏、陈万明、刘晓杨认为，人才集聚的成败取决于人才规模、人才资源配置和激励措施。

3.3.1　京津冀人才资源配置的对比研究

京津冀地区的高等教育协同发展已经成为促进地区间合作的一股重要力量，被认为是京津冀协同发展战略中的一个重要特征，也是促进京津冀协同发展的一个重要支柱。目前，京津冀地区高等教育协同发展还存在以下问题。

（1）京津冀地区的高等教育结构还有待进一步完善。京津冀地区的高等教育发展水平还不平衡，主要有两个方面：

① 京津冀地区的本科教育高度重叠。2018 年，北京市高校在校学生中的大专生、本科生、硕士研究生、博士研究生的比例为 0.7：

5.1∶2.6∶1；天津市高校在校学生中的大专生、本科生、硕士研究生、博士研究生的比例为 16.5∶33.5∶5.5∶1；河北省高校在校学生中的大专生、本科生、硕士研究生、博士研究生的比例为 162.9∶222.2∶13.3∶1。

② 天津市与河北省的职业教育存在重叠现象。天津市是高职教育发展的高地，高职院校在校生的数量相对较多；河北省职业教育的规模也比较庞大。天津市和河北省的职业教育存在一定的重叠现象。

（2）京津冀地区高等教育的协同发展涉及中央政府、三地政府、社会团体、企业等多元利益主体的权利配置。多元利益主体包括 19 个主管部门［京津冀三地政府和 16 个国家层面的主管部门（13 个中央政府机构和 3 个国家级群团组织）］、11 个中央政府层面的共建部门，以及部分与高校联系紧密的重量级央企和国企等。与长三角地区和粤港澳地区相比，京津冀地区的高等教育的利益主体具有多样性、复杂性的特点。

2015 年，随着《京津冀协同发展规划纲要》的出台，京津冀协同发展的战略正式被提上了日程。从实际情况来看，京津冀协同发展并未取得标志性成果和根本性突破。京津冀地区的高等教育合作现在已经进入了深入发展的阶段，基于属地管理的体制是制约京津冀地区高等教育协同发展的重要因素之一。一方面，京津冀地区高等教育协同发展在制度上很难真正做到协调，京津冀三地在人事管理、科研管理、财政制度等方面都存在一定程度的割裂。例如，教师在京津冀三地之间流动时，课时计算、绩效考核、科研成果归属、职称评审认定等问题没有统一和明确的规定，无法有效保障教师的切身利益。另一方面，京津冀三地分别属于不同的行政区划，加之财政分灶吃饭、政绩评价等因素，使得政府在决策和行为上都以自身利益最大化为导向，在不同程度上造成了专业设置大而全、重复建设等问题。

　　京津冀地区的经济发展，既促进了区域各要素的迅速流动，又促进了区域内的财富集聚，还促进了教育水平的整体提高。与我国其他地区相比，京津冀地区各专业技术人员的数量有显著的提高，这与京津冀地区的经济发展息息相关。京津冀地区在人力资本结构、学历结构、年龄结构、社会创造力、工资水平等方面存在明显的差距。

1）人才学历结构的对比

　　京津冀地区的人才学历结构存在较大的差距。河北省受教育程度为文盲半文盲、小学、初中、高中的就业人员占比高于北京市和天津市，受教育程度为中职、高职、大专、本科、研究生的就业人员占比远低于北京市和天津市。由此可知，京津冀地区的高层次人才分布有较大的差距，北京市和天津市的高层次人才比重明显高于河北省。

　　根据《中国人口和就业统计年鉴》，北京市在 2000—2019 年的调查样本共 15742 万人（6 岁以上），其中，没上过学的共 311 万人，约占调查样本的 2%；受教育程度为小学的共 1344 万，约占调查样本的 8.5%；受教育程度为初中的共 3087 万人，约占调查样本的 19.6%；受教育程度为高中的共 3051 万，约占调查样本的 19.4%；受教育程度为大专及以上的共 7949 万，约占调查样本的 50.5%。2000—2019 年北京市人口受教育程度分布图如图 3-15 所示。

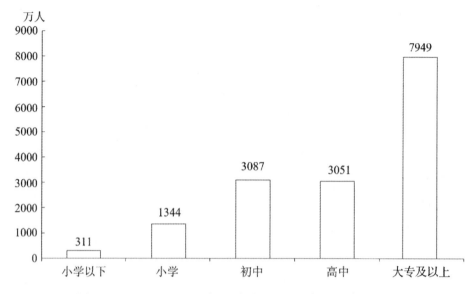

图 3-15 2000—2019 年北京市人口受教育程度分布图

天津市在 2000—2019 年的调查样本共 11564 万人（6 岁以上），其中，没有上过学的共 248 万人，约占调查样本的 2.1%；受教育程度为小学的共 1582 万人，约占调查样本的 13.7%；受教育程度为初中的共 3763 万人，约占调查样本的 32.5%；受教育程度为高中的共 2632 万人，约占调查样本的 22.8%；受教育程度为大专及以上的共 3339 万人，约占调查样本的 28.9%。2000—2019 年天津市人口受教育程度分布图如图 3-16 所示，天津市人才学历结构与北京市相似，符合一般规律。

河北省在 2000—2019 年的调查样本共 54847 万人（6 岁以上），其中，没有上过学的共 1950 万人，约占调查样本的 3.6%，受教育程度为小学的共 13419 万人，约占调查样本的 24.5%；受教育程度为初中的共 23715 万人，约占调查样本的 43.2%；受教育程度为高中的共 9558 万人，约占调查样本的 17.4%；受教育程度为大专及以上的共 6205 万人，约占调查样本的 11.3%。2000—2019 年河北省人口受教育程度分布图如图 3-17 所示。

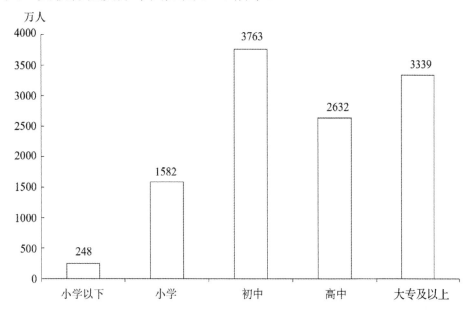

图 3-16　2000—2019 年天津市人口受教育程度分布图

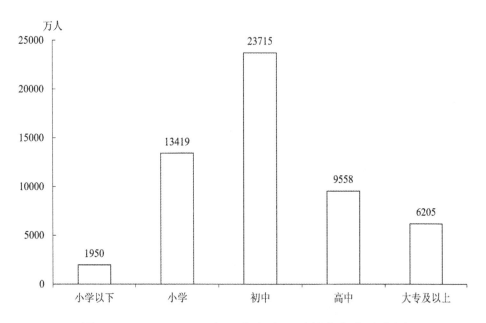

图 3-17　2000—2019 年河北省人口受教育程度分布图

2）拥有高层次人才的对比

根据教育部公布的数据显示，2020 年北京市的博士毕（结）业生和硕士毕（结）业生共 10.7084 万人，其中博士毕（结）业生共 2.0064 万人，硕士毕（结）业生共 8.7020 万人；天津市的博士毕（结）业生和硕士毕（结）业生共 2.1741 万人，其中博士毕（结）业生共 0.1965 万人，硕士毕（结）业生共 1.9776 万人；河北省的博士毕（结）业生和硕士毕（结）业生共 1.5916 万人，其中博士毕（结）业生共 0.0515 万人，硕士毕（结）业生共 1.5401 万人。北京市的博士毕（结）业生数量大约是天津市的 10 倍，北京市的硕士毕（结）业生数量大约是天津市的 4 倍；北京市的硕士毕（结）业生数量大约是河北省的 5.6 倍。河北省的高层次人才在数量上都远低于北京市和天津市，这也成为限制河北省经济发展的一项不可忽略的重要因素。

2020 年京津冀地区博士毕（结）业生和硕士毕（结）业生的数量如图 3-18 所示。

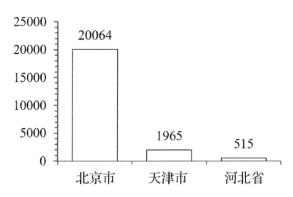

图 3-18　2020 年京津冀地区博士毕（结）业生和硕士毕（结）业生的数量

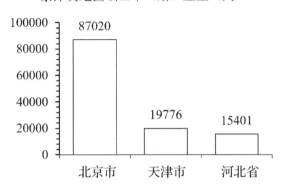

图 3-18　2020 年京津冀地区博士毕（结）业生和硕士毕（结）业生的数量（续）

3）专利合作的分析

专利权，就其意义而言，是指所有权与权益。"专利"这个词源自拉丁语的"公函"，意为公函或公文，是中世纪的君主所使用的一种特殊的权力，之后成为英国国王所签发的专有权凭证。在当代，专利通常是一种由政府机构或代表几个国家的地区机构签发的一种文件。

专利资料是衡量一个国家或地区科技创新能力的重要指标。专利资料具有可获得性，因而通常被用来衡量创新活动。我国的专利类型包括发明专利、实用新型专利和外观设计专利三大类。

专利合作是一种社会关系在专利研究中的映射，通过建立专利合作网络，可以分析专利申请者的复杂协作关系。专利合作网络能够反映专利权人之间的合作关系和技术特点。

目前，国内外不少专家根据科研机构的专利资料研究了我国科研机构间的合作状况。国内学术界对京津冀地区的专利合作问题也有所涉猎，一些专家采用量化的方法，对京津冀地区和与其他省市之间的专利合作进行了分析；一些专家对比了京津冀地区的专利申请资料与发展趋势，并从专利的角度出发，对京津冀协同发展提出了建议；还有一些专家在京津冀地区创新网络的空间结构及相关因素等方面进行了探讨。

京津冀地区的历史源远流长，但在发展的过程中，由于资源配置的不平衡，导致了一系列的经济发展问题。在京津冀协同发展的大背景下，京津冀地区的产学研合作与创新研究成为京津冀协同发展的重要基础。利用京津冀地区高校的产学研合作网络的时空演变特点，可以更好地理解京津冀协同发展的状况，促进北京市非首都功能的有序疏解。

在科技和经济高速发展的时代，高层次人才的价值体现在社会价值的创造和对科技创新的贡献，因此在衡量人才资源及技术市场的成交额时，选取了授权专利数量作为分析的重要依据。2021年，北京市的授权专利共19.9万件，有效发明专利共7.9万件；天津市的专利授权共9.8万件，有效发明专利共4.3万件；河北省的专利授权共12万件，有效发明专利共4.16万件。京津冀地区在2021年的专利数据如表3-7所示。

表3-7 京津冀地区在2021年的专利数据

地　　区	专利授权数量/万件	有效发明专利数量/万件
北京市	19.9	7.9
天津市	9.8	4.3
河北省	12.00	4.16

3.3.2　京津冀地区工资收入差距分析

2021 年，面对复杂严峻的国际环境和国内疫情散发等多重考验，京津冀地区坚持稳中求进的工作总基调，不断巩固拓展疫情防控和经济发展成果，区域经济稳步恢复，高质量发展动能持续增强，京津冀协同发展取得新成效，实现了"十四五"的良好开局。

根据北京市统计局的数据，北京市和河北省的 GDP 在 2021 年均突破 4 万亿元，京津冀地区的 GDP 达到 9.6 万亿元。北京市和河北省的 GDP 分别为 40269.6 亿元和 40391.3 亿元，按不变价格计算，比上年分别增长 8.5% 和 6.5%；天津市的 GDP 为 15695.1 亿元，增长 6.6%。与 2019 年相比，京津冀三地的 GDP 两年平均分别增长 4.7%、3.9% 和 5.1%。

北京市的全员年平均工资为 84742 元，在岗人员年平均工资为 85307 元；天津市的全员年平均工资为 61514 元，在岗人员年平均工资为 62225 元；河北省的全员年平均工资为 38658 元，在岗人员年平均工资为 39542 元。京津冀地区在 2021 年的全员年平均工资如图 3-19 所示，京津冀地区在 2021 年的在岗人员年平均工资如图 3-20 所示，北京市和天津市的全员年平均工资、在岗人员年平均工资高于河北省，北京市的全员年平均工资约为河北省的 2.2 倍。

3.3.3　京津冀地区专业技术人员从业结构的差异分析

京津冀地区专业技术人员的从业结构存在明显的差别。河北省的专业技术人员在教育行业中的比例最高，在医疗保健行业中的比

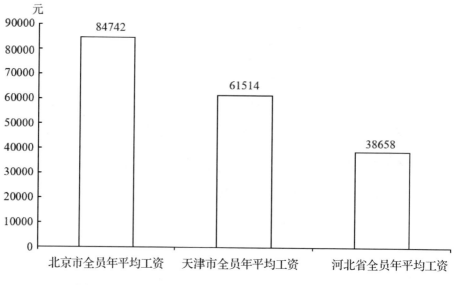

图 3-19　京津冀地区在 2021 年的全员年平均工资

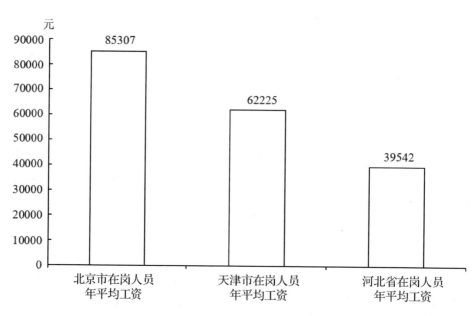

图 3-20　京津冀地区在 2021 年的在岗人员年平均工资

例位居第二，在社会保障行业中的比例位居第三，在 IT 和计算机软件业、住宿餐饮行业、金融行业中的比例位居第四。天津市的专业技术人员在各个行业中的比例与河北省相似，在服务行业中的比例最低。北京市的专业技术人员在各个行业中的比例与河北省、天津市的差异较大，在教育、工程技术、卫生技术三大行业中的比例位居首位，在金融等行业中则出现了严重的人才短缺问题。

3.3.4　京津冀地区教育水平及比较

根据《中国统计年鉴 2021》的数据可知，河北省 15 岁及以上的文盲数量最多，其次是北京市，天津市的最少。京津冀地区 2018 年 15 岁及以上的文盲数量如图 3-21 所示（其中的文盲数量是指每 10 万人中的文盲数量）。京津冀地区的人力资本存在较大的差异，就总量而言，河北省的人力资本存量虽然具有一定的优势，但反映人力资本水平差异的一个主要指标是平均受教育的年限。

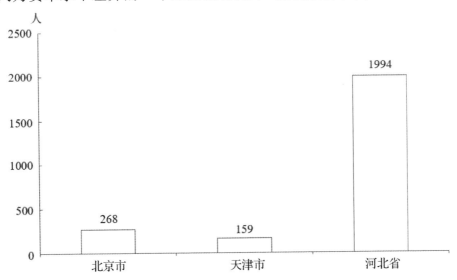

图 3-21　京津冀地区 2018 年 15 岁及以上的文盲数量

3.3.5 京津冀地区科技创新人才集聚驱动力不足的原因

高层次人才在一个地区的比例是决定该地区人力资本水平的一个重要因素。高层次人才的培育和发展离不开良好的环境和资源。随着经济全球化的快速发展，京津冀地区科技创新协同发展的需求日益凸显，三地的科技创新体系也面临前所未有的发展机遇。科技创新人才是三地科技创新体系的核心，是支撑科技创新体系的最主要因素。在过去的十多年内，京津冀地区科技创新人才的集聚已形成了一定的规模，但发展的速度却相对较慢。随着京津冀协同发展的不断深化，需要大批科技创新人才，如何加快京津冀地区内的人才流动，吸引京津冀地区外的人才，从而在京津冀地区集聚科技创新人才，成为京津冀协同发展的一个重要研究方向。集聚高层次人才，是城市发展新经济、提升城市竞争力的关键。

京津冀地区科技创新人才集聚驱动力不足的原因如下：

1) 京津冀地区经济发展水平差距巨大

由于历史传统、经济基础、产业结构等因素，京津冀地区经济发展水平存在很大的差距。当前，北京市的高技术产业发展迅猛，拥有大量的科技园、繁荣的第三产业、富饶的政治资源，已步入了"创新驱动"的时代。天津市以第二产业为主，在滨海新区建成后，第三产业得到了迅速增长，已成为国民经济的主要力量，天津市的经济正在逐步进入以创新为主导的时代。河北省仍然以第二产业为主，高技术产业发展相对比较落后。

京津冀地区的科技创新人才集聚的格局因三地产业结构的差异而呈现明显的差异：北京市的科技创新人才在数量和质量上均高于天津市；河北省的科技创新人才的集聚程度最低，企业数量少、规模小，难以集聚科技创新人才。

2）科技创新人才战略与京津冀地区的发展方向脱节

京津冀地区的科技创新人才战略，除了要实现市场功能，更重要的是实现经济的调整和人才资源的配置。从实际情况来看，京津冀地区在科技创新人才和产业支持方面的优势并未得到充分发挥。京津冀三地政府之间缺乏协作，没有为行业发展提供可参照的人才方案，也没有形成"三位一体"的新型科技创新人才共享模式，更没有形成一个统一、完整的服务体系。北京市的高技术产业和服务业的良好发展前景，以及高薪酬，吸引了天津市和河北省的大量高层次人才，使得北京市的科技创新人才市场出现了"富营养化"。高离职率和高失业率导致企业人力资源管理费用的不断攀升，河北省更是"重灾区"。天津市在创业环境和工资水平方面比河北省好，但在工业技术转移方面却不如北京市，在吸引人才方面也很难和北京市相比，这就造成了京津冀地区产业发展和人才的不匹配，从而限制了京津冀地区的科技创新协作。

3）制度障碍制约了科技创新人才的集聚效率

京津冀地区的科技创新人才集聚的主要障碍是制度障碍。尽管京津冀三地于 2011 年联合发布了《京津冀人才一体化发展宣言》，并提出了"优势互补、市场驱动"的战略，但实施起来却困难重重。京津冀地区在户籍管理、工资待遇、医疗保险、职业资格认定、子女入学等方面都存在一定的差距，而且三地政府间的沟通和协调不到位，在人才战略规划方面也缺少整体意识，导致三地的人才管理制度不能协调一致，制约了科技创新人才的集聚。京津冀地区缺乏整体意识，缺乏对三地人才市场的构建，导致了三地的人才发展不协调，人才流动缺少一个宽松的环境。在京津冀地区实现职业资格互认存在一定的困难。相对于长三角地区而言，京津冀地区在引进和培养高层次人才方面相对滞后；人才的优惠政策很难吸引外地人才；人才服务的内容和范围难以满足高层次人才的工作与生活需求，已成为阻碍吸引高层次人才的"顽疾"。

4）京津冀地区的科技创新人才培养投入分布不平衡

京津冀地区在科技创新人才的培养上存在巨大的差距。北京市和天津市具有良好的教育资源和创业环境，促进了当地科技创新人员的创业热情。河北省的高校和科研机构的人均科技经费投入，与北京市和天津市的差距较大。由于京津冀地区工资水平、社会保障水平、产业发展前景等因素的影响，使得河北省很难吸引北京市和天津市的高层次人才。京津冀地区未能从科技创新人才合作的视角来进行科技创新，缺乏高水平、跨地区的高层次人才合作，人才合作红利偏低，制约了京津冀地区高技术产业的发展。

3.3.6　河北省人才资源的优劣势分析

1）劣势分析

（1）学历结构和竞争力方面的劣势。根据第七次全国人口普查

（2020 年）的结果，河北省拥有大学文化程度（指大专及以上）的共 9264910 人；拥有高中（含中专）文化程度的共 10341464 人；拥有初中文化程度的共 29806993 人；拥有小学文化程度的共 18402003 人（以上各种受教育程度的人包括各类学校的毕业生、肄业生和在校生）。河北省 15 岁及以上人口的平均受教育年限由 9.12 年（2010 年数据）提高到了 9.84 年（2020 年数据），略低于全国平均水平，文盲率由 2.61%（2010 年数据）下降为 1.51%（2020 年数据），比全国平均水平低 1.16 个百分点。与第六次全国人口普查（2010 年）相比，每 10 万人中拥有大学文化程度的由 7296 人增加为 12418 人；拥有高中文化程度的由 12709 人增加为 13861 人；拥有初中文化程度的由 44400 人减少为 39950 人；拥有小学文化程度的由 24661 人增加为 24664 人。

无论从教育层次上还是从竞争力来看，河北省与天津市和北京市的人才资源都存在很大的差距。如果一个地区缺乏对人才的吸引、争夺、拥有、使用、转化等能力，就不能适应地区间的竞争。这些能力是一个地区人才竞争力的根本所在。与北京市和天津市相比，河北省在人才竞争力上存在明显的差距，而这一劣势对河北省的发展产生了不可忽视的影响。

（2）区域发展大环境方面的劣势。河北省作为京津冀地区的重要组成部分，具有京津两地生态屏障、首都护城河、京津两地后花园等重要作用。在这样的职能和定位下，多年来河北省的发展一直受到极大的影响和限制，其发展水平与京津两地相差甚远。河北省是京津两地的门户，多年来为京津两地的发展与稳定做出了重大的牺牲与贡献，而京津两地凭借自身在政治、技术、文化、教育等方面优势，与河北省进行激烈的较量，使京津冀三地之间的差距不断扩大。上海市是长三角地区的主要经济中心，它的迅速发展对江苏省和浙江省的发展起到了很好的推动作用。与此形成鲜明对比的是，北京市的发展对于天津市和河北省的发展影响并不大，许多地方甚至产生了"虹吸"效应，大量的优秀人才和其他资源开始向北京市集聚，导致北京市周边区域的经济发展缓慢，河北省更是形成了"环京津贫困带"。

（3）人才培养方面的劣势。人才培养是加强高校人才队伍建设的基础性工作，也是加强高校人才队伍建设的关键。河北省在人才培养上的短板是显而易见的。京津冀地区的高校资源配置存在很大的不平衡，这就造成了河北省在三地人才合作中丧失了主动权。就高校资源配置而言，河北省的各项指标基本上处于滞后状态。尽管河北省的高校人数要比京津两地多一些，但在质量上却有很大的差距。京津冀三地"211 工程"大学和"985 工程"大学的数量对比如图 3-22 所示。

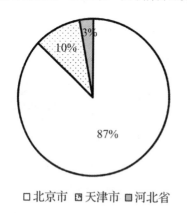 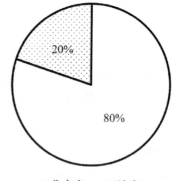

图 3-22　京津冀三地"211 工程"大学和"985 工程"大学的数量对比

北京市有 26 所"211 工程"大学、8 所"985 工程"大学；天津市有 3 所"211 工程"大学、2 所"985 工程"大学；河北省只有河北工业大学是"211 工程"大学，还位于天津市境内。河北省在高等教育资源方面与北京市和天津市有很大的差距。尽管河北省的高校分布较广泛，但整体质量偏低、影响力较小，不足以培养出更多的高层次人才。

2）优势分析

（1）区位优势。京津冀地区的求职、就业意向如图 3-23 所示。从中可以看出，河北省在吸引和保留人才方面有很大的潜力，并且有很好的发展前景。

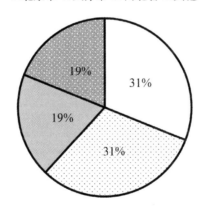

图 3-23　京津冀地区的求职、就业意向

（2）住房和交通压力等因素的影响，使得就业者对大城市（特别是北京市）的兴趣有所降低。在主观上，北京市的求职、就业意向比例是 31%，天津市是 31%，河北省是 19%。当问及北京市等大城市的住房、交通、子女教育、生活成本、环境等是否会影响就业者的地域选择时，超过一半的人表示"会"。如果河北省提供住房、

户籍等方面的帮助，他们会不会选择去河北省工作呢？肯定态度占到了 32%。从这一点可以看出，北京市长久以来在吸引人才方面的巨大优势正在逐渐消失。

（3）多数河北籍的人才希望报效家乡，但对家乡的总体人才环境仍不满意，仍处于观望状态。这对河北省进一步扩大人才队伍、提高整体竞争力具有积极意义。

法国学者戈特曼于 1957 年提出大都市圈理论。大都市圈是现今许多经济学家所关注的焦点。目前，我国仅有长三角、珠三角、京津冀三个地区可以称为大都市圈。随着我国经济的快速发展，以及对外开放的巨大推动，长三角地区、珠三角地区的经济得到了显著的发展。

京津冀地区在历史上就存在紧密的关系。在战国时期，赵国与燕国的关系很好，邯郸（今河北省邯郸市邯山区）与蓟（今北京市）分别是赵国和燕国的首都，经济水平、民族习惯等各方面的差异都很小，所以两者的发展一直是一致的。保定市和承德市与北京市有密切的联系。天津市作为北方地区的第一大港口，自古以来就是北京市的门户。

（4）年龄构成的优势。从京津冀地区的整体人才年龄结构来看，河北省和北京市的整体人才年龄结构较为合理，基本以中青年为主，符合人才资源年轻化的趋势，在人才的后续发展方面具有较大的潜力，在行业选择和人才再造方面具有一定的优势。北京市的整体人才年龄结构如图 3-24 所示。

由图 3-24 可以看出，北京市在整体人才年龄结构上有明显的优势，这与北京市的高技术产业有千丝万缕的关系。河北省的人才也以中青年为主体，形成了以中青年为主体的结构，整体上比较合理。

这些中青年人才是河北省经济发展的主力，也是河北经济发展的重要支柱之一。

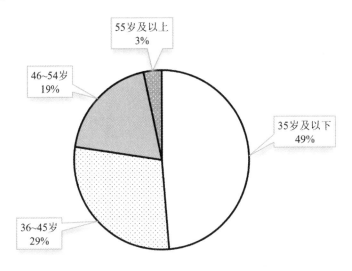

图 3-24　北京市的整体人才年龄结构

3.4　加快京津冀 R&D 人才一体化的建议与对策

1）进一步完善区域人才资源协同发展机制

2011 年 4 月，京津冀三地共同签署了《京津冀区域人才合作框架协议书》，三地的人才工作领导小组于 2011 年 6 月发布了《京津冀人才一体化发展宣言》、于 2011 年 9 月发布了《京津冀人才工作一体化 2011 年度工作计划》。当前，京津冀人才一体化已初步形成了三地联动、加速推进的局面，但还存在一些层次较低、合作领域有待拓宽、合作深度有待进一步深化等问题。例如，京津冀人才合作涉及产业、科技、户籍管理、教育、卫生、税务等多个方面，各方面的利益需求往往是有差别的，所以需要进行顶层设计。再如，京津冀人才合作的主要内容是人才招聘、人事代理、人才派遣业务互助、人才信息互通等，在人才流动服务、人才政策协调、人才服务贯通等"深水区"，目前还没有明确的措施与合作计划。因此，在今后的一段时期内，以服务区域经济和社会发展为出发点的人才合作必然进入"深水区"，如备受瞩目的京津冀三地高层次人才自由流动制度、京津冀异地就医结算制度等。如何通过科学的顶层设计与合理的协调机制，实现京津冀地区人才合作的重大突破和阶段性成果，是当前亟待解决的问题。

2）加大对教育资源的投入

教育资源既能提高国民素质，又能提高劳动生产率，还能推动经济发展。要深化京津冀人才合作，就需要加大对教育资源的投入，特别是对高等教育资源的投入。同时，还要适当加强对河北省高校的科研投入，要在全省范围内选择有特色、有影响力的高校和科研机构，争取在最短时间内形成一批有竞争实力的高校和科研机构，助力河北省的发展。

3）优化人才培养策略

首先，加强京津冀地区高校间的多元协作。京津冀地区可以借鉴美国常春藤大学联盟和德国大学联盟等成功案例，将多所高校的优势整合起来，共同分享优质的高等教育资源。河北省可以进一步加强合作，加强与北京市和天津市知名高校之间的深度合作。要加强观念上的统一，采取共享教学资源、交换师生、远程网络合作、相互认可教育学制等形式，弥补河北省高等教育资源的不足，提高人才质量。同时，还要在京津、渤海地区以外的地方开展校际合作，使河北省高等教育发展得更加迅速、有效。

其次，加强京津冀地区校企合作的多样化。提倡学校与企业共同培养人才，并在不同的阶段由企业提供适当的培训。在此基础上，京津冀地区可以采用以订单为基础的教学模式，以便提高学生对企业的适应能力、增强学生的动手能力、缩短理论与实践之间的差距。京津冀地区的高校还可以根据企业的需求，对课程内容进行修改、补充，以满足实际工作的要求。

4）改善人才的环境

中国近几年正在步入"人才回流"的时代，河北省可以抓住这个难得的历史机遇，大量吸收优秀人才。2010 年，河北省在环首都的 13 个县（市、区）各规划建设一个高层次人才创业园区，每个县（市、区）都建设了一个以廉租房为主体的"人才家园"，为高层次人才来冀创业提供住房和生活配套服务；围绕高层次人才的需要，为其在子女入学、就医等方面提供方便，营造亲才、扶才、安才、敬才的良好氛围。这是河北省实施"人才强省"战略的一项重要举措。未来，可借鉴"人才家园"计划，在具有发展潜力的区域，大力推进高层次人才吸引力项目的建设。

5）健全人才流动政策、促进人才资源的有效配置

河北省的中低层次人才资源十分丰富，并且相对比较集中。北京市和天津市的高校和科研机构较多，具有大量的高层次人才。河北省应积极地构建更广泛的人才交流平台，促进京津冀地区人才资

源的有效配置，促进人才在各行业之间的合理流动，破除人才制度障碍，有效解决当前人才（尤其是高层次人才）的供需矛盾，促进京津冀一体化、首都经济圈的发展。同时，京津冀地区还要加快河北省与北京市和天津市的全面对接，要在人才引进上下功夫，积极探索制定更加人性化的人才政策，争取吸引更多的高层次人才。

6）破除发展的传统观念

要实现京津冀人才一体化，就必须抛弃落后的思路和观念，大胆创新、解放思想，改变目前各自为政的局面，破除京津冀地区的行政壁垒，形成共赢局面。要实现京津冀人才一体化，就必须对京津冀地区的发展进行科学的规划，明确发展的方向和目标，并制定合理的发展战略，发挥自身的优势，缩小三地的差距，促进京津冀协同发展。

7）为人才资源的合理使用提供便利

京津冀地区的人才交流与共享具有重要意义，应逐步破除各地的人才保护主义，为人才交流与共享创造更多的机会。京津冀地区要解放思想、深化改革，抓住京津冀协同发展的机遇，进一步加大人才培养的力度，增强人才交流和共享的积极性及主动性，深化人才引进体制机制的改革，形成人才自由流动的氛围，实现人才资源的优化配置。同时，要充分利用京津冀地区的高校、科研机构、培训机构等资源，构建人才交流共享平台和机制，用好引进高层次人才的相关政策，促进高层次人才在三地间的交流与共享，解决人才的结构性矛盾，探索京津冀协同发展背景下的人才合作，防止人才闲置或缺位。

8）实行多元化雇佣、实现人才资源的合理配置

京津冀地区应当采取"灵活引进高层次人才"的办法，广泛吸纳各类专业技术人才。

对于在学术界有影响力的高层次人才，京津冀地区应充分发挥相关机构的职能，重视对院士和知名专家的柔性引进，吸纳京津冀地区以外的高层次人才，推动京津冀地区的人才培养。天津市和河北省要完善住房、交通、医疗、教育等基础设施，在涉及人才切身利益的方面，如户籍、编制、档案、教育、医疗、住房、子女入学等，要制定更加灵活的政策体系，以缩小京津冀地区在公共服务和生活环境方面的差距。通过对北京市非首都功能的有序疏解，可以加速京津冀地区产业结构的调整，形成不同梯度的产业集群，促进人才的集聚和辐射，使人才资源的配置达到平衡。

9）健全保障体系、制定相关协议、形成共同意见

要实现高层次人才的交流和共享，就必须建立健全京津冀三地的联合机制，并定期举行政策发布会、人才交流会、论坛、项目洽谈会等，确保高层次人才能够及时了解京津冀地区的人才需求和人才政策，增强人才的自由流动；就必须健全人才资源共享机制，建立高层次人才库和人才资源门户；就必须统一人才评价标准，协调人才政策的实施，实行职业资格的互认，实现社保的联网结算，形成促进人才流动与合作的有效体系。

10）提高科技创新人才集聚的驱动力

北京市对科技创新资源的"虹吸"效应要比其经济辐射效应更

大，因此北京市集聚了大量的科技创新资源。

要实现京津冀协同发展，就必须利用"多极性"的极化效应。在京津冀地区，北京市和天津市是两个增长极，因此要在河北省构建新的增长极，形成三足鼎立、协同合作的科技创新人才集聚地。

（1）强化政府主导型人才集聚机制。

京津冀地区的科技创新人才集聚与京津冀协同发展及相关的人才政策有密切的关系。在科技产业协同发展过程中，京津冀三地都提出了人才保障的策略，制定了知识产权保护和人才引进等方面的法律法规，以维护科技创新人才的合法权益。

另外，还要在京津冀地区建立有序的人才市场机制，吸引科技创新人才。京津冀三地的政府要建立一个推动人才流动的平台，从体制上进行设计，降低北京市和天津市"截流"科技创新人才的数量，解决京津冀地区科技创新人才的不平衡问题，促进三地科技创新人才的有效流动。

（2）加强对科技创新人才的培养、积极适应地区的经济发展。

科技创新人才的培养是一个较长的过程，京津冀地区不仅要加大对科技创新人才培养的投入，同时还要加强高校的学科建设，加快科技创新人才的储备，使科技创新人才的培养与经济发展的要求相适应，从整体上提升人力资本水平。

（3）实行激励型的科技创新人才培养和考核体系。

确定知识、技术、管理、技能等生产要素按贡献参与分配的原则，建立激励型的科技创新人才培养和考核体系，如荣誉制度和津贴制度。通过激励科技创新人才的工作积极性，改革科技创新人才的评价指标，建立基于科技创新人才类型、发展潜力和地区需求的长效激励机制，在京津冀地区营造"磁场效应"。

京津冀地区要加强对科技创新人才的引进、培养、使用、奖励、流动、保障等，提高科技创新人才的培养质量，建立尊重人才、公平竞争的制度，充分发挥科技创新人才的作用。河北省要加大对科技创新人才的开发力度，加大对科技创新人才的引进力度，完善科技创新人才的政策，在北京市和天津市的辐射效应下，为科技创新人才提供良好的创业环境。

第 **4** 章

京津冀人才流动存在的
问题及建设性探索

"十二五"规划明确提出了"推进京津冀区域经济一体化发展，打造首都经济圈"的战略构想。2015 年，中共中央政治局审议通过《京津冀协同发展规划纲要》。2016 年，中共中央印发《关于深化人才发展体制机制改革的意见》，强调要在体制和制度上进一步创新，破除原有的人才发展理念，健全人才引进和培养制度，把人才集聚在一起。2017 年，京津冀三地的人才工作领导小组共同发布了《京津冀人才一体化发展规划（2017—2030 年）》，把人才合作作为一项重要的工作和项目，坚持以体制和制度创新为主线，坚持以人才发展规律为主线，推动人才合作，构建京津冀协同发展的新引擎。要实现民族复兴，赢得国际竞争，必须依靠人才，不断加快京津冀地区的一体化进程，将更多的优秀人才集聚到京津冀地区，实现京津冀人才合作。

当前，随着经济全球化进程的加速，区域经济的发展已成为促进一个区域乃至一个国家经济发展的头等大事。为了加速经济发展，我国正在逐步加大对京津冀地区的投资，促进京津冀协同发展。

区域经济整合是指各空间经济主体在一定程度上实现资源的共享，实现互利、协同发展，包括产品市场、要素市场和相关经济政策的整合。目前，我国正处于全球经济一体化的发展格局中，经济发展已步入快车道，各地区间的经贸往来日益紧密，合作范围也日益扩大。我国已形成了以长三角地区和珠三角地区为代表的经济区域，京津冀地区也逐渐发展起来了。

随着全球经济一体化的加速，以及生产要素的不断流动，区域经济一体化已成为国内外经济发展的重要动力。京津冀协同发展，不但可以促进北京市、天津市、河北省的发展，也会对周边地区的发展产生深远、持久的影响。京津冀协同发展需要借助人才，人才流动是京津冀协同发展的关键。在人才的合理使用上，要考虑京津冀地区的实际情况。合理的人才流动是推动京津冀协同发展的必然要求。在当今社会，人才的竞争越来越激烈，人才资源也越来越稀缺。当前，我国的人才资源配置不平衡，出现了企业招聘不到人才、人才不能找到工作等问题。人才资源配置的不平衡势必会对本地区甚至国家的经济发展产生不利影响。

京津冀协同发展的关键在于人才合作。目前，京津冀地区正在不断推进人才合作的战略，加快了人才流动和资源整合，实现了更高层次的人才共享，建立了人才创业基地，实现了政策上的衔接，合作的范围越来越大，合作的深度也越来越深，但也逐步显现出了以下问题。

（1）区域发展的不平衡。北京市和天津市是京津冀地区的超大城市，河北省与京津两地的差距比较大。在河北省的 11 个地级市中，除了发展较好的石家庄市和唐山市，各地级市之间的差距也很大，存在很大的断层。京津地区与周边城市的差距正在逐渐被拉大，与周边城市的联系也不是很紧密，造成了辐射效应不明显，产业带动能力差。

（2）生态环境问题。北京市正在清理部分重工业、污染企业，如首钢迁往河北省，但这并不能从根本上解决生态环境问题。如何保证某些企业，特别是对生态环境有影响的企业在发展过程中节能减排，避免生态环境恶化，这是京津冀协同发展必须重点解决的问题，同时也对京津冀协同发展提出了更高的要求。

（3）没有统一的机构，京津冀地区缺乏有效的协同机制。京津冀地区没有统一的机构，缺乏有效的协同机制，使得三地很难真正实现区域经济融合。

中国科学院大学管理学院教授、区域经济研究专家佟仁城说：“要实现京津冀人才的共同发展，就需要破除壁垒，提供制度上的支持。”京津冀地区的经济发展水平和产业结构的不平衡，在某种程度上造成了各地在人才资源配置和人才吸引方面的巨大差距，所以，京津冀人才一体化是京津冀协同发展的必然选择。

佟仁城认为，京津冀地区这些年在产业布局、人才培养和规划上都是各自独立进行的。“千人计划”特聘专家路万里用亲身经历阐述了自己的看法：京津冀人才合作，最重要的是要按照各自的特色，形成一个区域的产业梯度，这样才能更好地发挥各自的优势。

目前，京津冀地区缺乏一流的科技创新人才和领导型企业。北京市在科技创新方面与世界一流的城市相比仍有很大的差距，北京市高层次的科技创新资源集聚能力还有待提高，缺乏一流的科技创新人才和领导型企业。北京市的落户难、购房限制、汽车限购等因素不利于吸引高层次人才。由于政策障碍、市场分割等原因，京津冀三地在人才引进、人才培养、产业布局、长远发展等问题上均存在分歧，人才资源得不到充分调动，也不能形成合力。

4.1　京津冀人才合作的基础条件

4.1.1　经济基础

2020 年，北京市的 GDP 达 3.6 万亿元，人均 GDP 为 16.42 万元。北京市第一产业的增加值为 107.6 亿元，下降 8.5%；第二产业的增加值为 5716.4 亿元，增长 2.1%；第三产业的增加值为 30278.6

亿元，增长 1.0%。北京市的产业构成比例 0.4∶15.8∶83.8。天津市的 GDP 为 1.4 万亿元，人均 GDP 为 10.11 万元。天津市第一产业的增加值为 210.18 亿元，下降 0.6%；第二产业的增加值为 4804.08 亿元，增长 1.6%；第三产业的增加值为 9069.47 亿元，增长 1.4%。天津市的产业构成比例 1.5∶34.1∶64.4。河北省的 GDP 为 3.6 万亿元，人均 GDP 为 4.83 万元。河北省第一产业的增加值为 3880.1 亿元，增长 3.2%；第二产业的增加值为 13597.2 亿元，增长 4.8%；第三产业的增加值为 18729.6 亿元，增长 3.3%。河北省的产业构成比例为 10.7∶37.6∶51.7。

京津冀地区在 2020 年的产业构成比例如表 4-1 所示。

表 4-1　京津冀地区在 2020 年的产业构成比例

地　　区	第一产业占比（%）	第二产业占比（%）	第三产业占比（%）
北京市	0.4	15.8	83.8
天津市	1.5	34.1	64.4
河北省	10.7	37.6	51.7

从表 4-1 可以看出，2020 年，北京市的第三产业已占据了绝对的主导地位，天津市的第三产业增加值占 GDP 的六成，河北省的第三产业增加值占 GDP 的五成。由此可以看出，北京市的经济发展主要依靠服务业，天津市正处于由工业向服务业的转变进程中，河北省处于工业化发展的高峰阶段。京津冀地区形成了"消费主导"与"投资主导"的互补态势，为产业合作和人才合作奠定了基础。

4.1.2　教育基础

北京市在教育资源和高层次人才总量方面远远超过天津市和河北省，因此京津冀地区的教育资源有很大的融合空间，特别是随着雄安新区的建设和北京市非首都功能的有序疏解，教育资源的共享与高层次人才的交流将变得更加便捷。

4.1.3　科研活动基础

2020 年，北京市中关村国家自主创新示范区内注册企业 27487 家，规模以上工业企业的 R&D 经费超过 2326.6 亿元；天津市滨海新区注册企业 2567 家，规模以上工业企业的 R&D 经费约 485.0 亿元；河北省石家庄高新技术产业开发区注册企业 1900 家，规模以上工业企业的 R&D 经费约 634.4 亿元。与天津市、河北省相比，北京市的科研水平较高，科研活动基础较好。

4.1.4　人才发展环境与政策基础

近几年，随着国家"千人计划""万人计划"等的实施，各省、自治区、直辖市纷纷制定了相关的人才引进和培养方案，并加大了对人才的服务力度，为人才的成长创造了有利的条件。北京市是首都，有得天独厚的条件，在引进和培养科技创新人才方面，除了要依托中央部委直属的高校，还将加大对市属高校的扶持力度。

就人才创业而言，中关村作为北京市乃至全国的科技创新中心，其地位举足轻重，不但建立了包括顶尖领军人才和年轻企业家在内的人才系统；还依托北京大学、清华大学、中国科学院、风险投资机构等优势，构建了比较完整的创新创业产业链，从政策上为高层次人才创业扫清了障碍，科技创新人才不仅拥有科技项目的处置权和收益分配权，还可以得到股权奖励和分红激励，大大提升了科技创新人才的主动性和积极性。

天津市滨海新区在全国率先推行人才"绿卡"，同时在全国率先实行了"两证"统一的外国专家和外国人就业许可证，并允许在津工作的外籍、港澳台人员使用住房公积金。持有"绿卡"的高层次人才，不但可以享受交通补贴、出国交流补贴、其子女在国际学校学费补贴，还可以享受配偶子女落户、子女入学、购买自有住房、汽车牌照摇号等方面的便捷服务。

河北省针对高层次人才紧缺的现状，以秦皇岛市和唐山市为重点，实行"刚性"和"柔性"的人才引进，加大科研投入，健全产学研合作机制。河北省一方面着力加强院士工作站的建设，通过与中国科学院、中国工程院的深入合作，推动河北省的科研成果的转化；同时，在电子信息、医药卫生、装备制造、化工等关键行业建设人才高地，培育了一大批高层次人才，通过人才集群带动产业集群发展。

京津冀地区的部分人才政策如表 4-2 所示。

表 4-2　京津冀地区的部分人才政策

地　　区	部分人才政策
北京市	《北京市引进人才管理办法（试行）》
	《首都科技领军人才培养工程实施管理办法》

地　　区	部分人才政策
北京市	《北京市科技新星计划管理办法》
天津市	《天津市引进人才"绿卡"管理暂行办法》
	《天津市高层次人才特殊支持计划》
	《"131"创新型人才培养工程》
	《"千企万人"支持计划》
河北省	《三三三人才工程》
	《河北省两院院士后备人才重点支持计划》
	《河北省推进人才管理服务市场化社会化的指导意见》
	《河北省高技能人才评选表彰管理办法》

4.2　京津冀 R&D 人才流动中存在的问题及分析

京津冀三地有各自的优劣势和发展难点，影响京津冀 R&D 人才流动的因素比较多，也存在一些问题。只有解决这些问题，才能推动京津冀 R&D 人才流动，形成一个资源共享、共同创造的良好社会环境。本节主要分析京津冀 R&D 人才流动中存在的问题。

4.2.1　政府部门管理力度不够、人才合作统筹层次较低

1）各自为政现象严重、缺乏权威统筹部门

京津冀三地之间缺乏有效的协作，这是阻碍京津冀协同发展的重要原因之一。为了各地的利益，京津冀三地政府在制定政策时并未以京津冀地区的整体利益为终极目标，因而京津冀一体化的实现

受到了三地政策的制约。京津冀地区存在重复建设，例如秦皇岛港、曹妃甸港、京唐港、黄骅港、天津港等，这些港口都希望成为京津冀的经济中心之一。但京津冀口岸能够提供的服务对象是有限的，重复建设将会浪费大量的人才资源，对京津冀地区的经济发展产生了不利的影响。尽管"十二五"规划把京津冀协同发展提升为国家战略，但这并不能消除京津冀三地各自为政的局面。

2）京津冀人才合作统筹层次较低

从京津冀人才一体化的合作规划及实施状况（详见 2.1.2 节）来看，部分合作规划没有落实的根本原因并不是合作规划本身不现实，也不是有关部门执行不力，而是制度机制方面的障碍。京津冀地区的人才资源配置主要由三地的人社部门牵头，但有些问题是各地的人社部门无法自行处理的，如社保的统筹，各地的人社部门都很难做到，要做到省际间的协调，就必须实现多部门、多层次的配合。此外，诸如职业资格互认、专家库建设、人才交流共享平台建设等，都需要在更高的层面上进行统筹，通过多部门共同努力，才能最终推进相关工作。

3）缺少统一的协调机制

京津冀地区建立了专门的人才工作领导小组，包括人社、公安、财政、教育、国土、房管等部门，但都是由省级人社部门牵头、由各地人才服务机构落实具体业务的，很难在全局和宏观层面上有所作为。例如，在京津冀地区的一些城市购置房产时需要提供缴纳社保或住房公积金的证明，这就涉及公安、国土、房管等部门。目前京津地区的"学区房"政策，会对人才的子女入学造成一定的影响，这就涉及公安、教育等部门。由于行政区划的因素，这些问题很难得到充分的协调，因此必须加强京津冀地区的跨部门协作，并做好相应的顶层设计。

4）人社部门统筹组织协调不利

当前，京津冀人才合作工作基本上都是由三地人社部门统一协调的；人才交流、洽谈、档案交接等工作都是由三地的人才服务机构来完成的，并没有建立省际间的统一管理机制，这说明京津冀人才合作与交流水平较低、统筹和协调不足，使京津冀人才合作的进展较为缓慢。京津冀地区的教育融合发展得比较好，这要归功于各级相关部门制定的各种制度，包括京津冀三地的互派制度、访学制度、职业资格互认制度等，从而在多层次上促进教育融合。目前，京津冀人才合作还没有建立完善的制度，加之京津冀三地的行政关系比较分散，三地之间的交流与协调不到位，部分工作不能很好地推进，导致京津冀人才合作进展十分缓慢。

5）政策缺乏执行力度和有效衔接

目前的京津冀人才合作仅限于人才交流、人事代理、档案转接等层次较低的领域，难以形成全方位、多领域、深层次的人才协同发展，京津冀人才合作的战略规划未能得到有效落实。这主要是由于京津冀地区行政区划的不同，以及京津冀地区经济发展水平、思想观念、历史文化、生活水平等方面的差距，限制了人才政策的有效衔接和执行。京津冀三地的人才市场相对独立，各自为政，造成了京津冀人才流动不畅的现状，不能在区域内形成人才的优势互补，区域内的人才综合实力难以得到有效提高。

6）京津冀三地人才资源配置不平衡

近年来，京津冀地区的经济得到了快速发展。北京市以其强大的首都功能和竞争优势，以及历史、文化、经济，特别是制度等方面的因素，在人才、技术、资金、项目等方面形成了巨大的集聚效应，导致天津市与河北省和北京市之间存在很大差距。京津两地因行政区划的原因，产业大多集中在地方行政区划，不仅无法带动周边地区，还对周边地区（尤其是河北省）的发展产生了一定的制约。河北省在引进高层次人才、学科带头人和省部级专家等方面，与京津两地存在较大的差距。人才的流动，最关注的是城市的经济发展、福利、教育、医疗等硬件条件，因此人才尤其是高层次人才纷纷涌入京津两地，造成了京津冀地区高层次人才的不平衡。

另外，京津冀地区没有统一的发展规划，导致天津市和河北省的经济发展趋势是类似的，人才资源、科技创新资源和资本的不合理竞争，使京津冀地区的人才资源配置出现了严重的失衡。

7）联席会议制度及信息共享、协议共识尚未得到保障

京津冀三地举行的联席会议很少，联席会议制度并没有得到很好的贯彻落实。从某种程度来说，京津冀人才合作缺乏一个完整的规划，一旦遇到具体的问题，京津冀三地就无法对相应的问题进行深入的探讨和研究，导致京津冀人才合作的进展十分缓慢。此外，人才异地落户尚未实现，人才信息共享机制和人才考核评价机制不健全，职业资格互认、社保联网、人才培养等方面的共识难以实现，也是制约京津冀人才合作的主要因素。

4.2.2　基础设施建设和经济发展水平差距化大、区域协作不合理

京津冀地区的基础设施状况各不相同。北京市有众多的大型跨国企业，更容易吸引人才；公交设施和城市道路比较完善。此外，在经济发展水平、教育水平、人才数量和质量等方面，京津冀三地必然存在竞争关系。北京市的经济发展迅速、文化环境和医疗卫生条件优越，吸引了周边地区的大量高层次人才。天津市和河北省，尤其是河北省的高层次人才纷纷向北京市流动。河北省现有的经济发展水平已经不能满足高层次人才的需要，在拥有国家级学科、实验室、工作站等方面，河北省与北京市和天津市相差甚远，导致河北省高层次人才的紧缺。

要实现京津冀地区人才资源的合理配置，必须以基础条件为依据加速人才的流动。基础条件的整合是一个十分复杂的过程，需要各级政府的协调。京津冀三地的行政管理体制，使基础条件的整合面临巨大的压力，如京津冀人才集聚、金融体系一体化都存在诸多问题。另外，京津冀地区的行政区划观念过强，人才资源规划协调与衔接不足，人才合作政策还相对滞后；加之受经济发展水平和观念的制约、"分灶吃饭"的财政体制、行业间的互补性差，使京津冀人才合作面临诸多新问题。在京津冀人才资源的配置与使用中，地方政府与人才服务机构对人才合理使用的研究很少，缺少合理化的政策指导，存在一些盲目性。自 2004 年提出"廊坊共识"后，京津冀一体化面临的问题一直没有得到有效的解决。很多研究成果都集中在规划方面，但具体实施效果如何，目前尚无清晰的证据。尽管

"十二五"规划提出了优化区域经济一体化，但京津冀一体化进程中所需的某些基本要素，在短期内依然难以实现。由此可以看出，京津冀人才资源的合理配置，需要各方的协同努力才能逐步实现。

京津冀三地的经济发展水平有明显的差距，人才对接难度大。根据国家统计局的《中国统计年鉴2020》可知，北京市、天津市和河北省在2018年的人均GDP分别为15.1万元、9.57万元和4.38万元。北京市和天津市是京津冀地区的中心城市，其经济发展水平远超河北省。根据国家统计局的数据，北京市、天津市和河北省在2020年的外商投资企业进出口总额分别为783.56亿美元、551.03亿美元和86.54亿美元。外商直接投资（Foreign Direct Investment，FDI）是一种资本存量，在京津冀三地有较大的差距。FDI的大量涌入将促进经济发展，促进出口增长，并增加就业岗位。京津两地的经济迅速发展，使本地居民的生活水平得到了进一步提高，两地的市场容量也得到了极大的提升、发展环境也得到了极大的改善。FDI与区域经济发展之间会产生一种区域循环的累加因果关系，这是京津冀地区经济发展水平差距不断扩大的结果。京津冀地区的经济发展水平的差距，使人才资源的整合变得更加困难。就目前来看，京津冀地区的人才主要集中在北京市和天津市，河北省的人才流失状况变得越来越严重。经济发展水平对人才流动的影响是最大的。

4.2.3 人才引进的渠道不畅通

当前，我国人才引进渠道以各知名高校和科研机构为主，其他领域的人才引进渠道仍然不畅通。京津冀地区的人才引进渠道以知名高校和科研机构为主，相对比较单一。在人才引进的过程中，由于受客观条件的限制，缺乏健全的政府主导、学会主导、社会监督等制度，缺乏法律的指导和制度保障，导致了人才引进渠道不畅通、方式相对单一、管理分散、协调不力等问题。另外，由于国内学术人才国际化的需要，使国内学术人才在"走出去"、参与国际交流和竞争中处于不利地位。因此，确保人才引进渠道的畅通，有利于吸引优秀的人才。

4.2.4　企业对人才管理不完善

1）晋升制度不完善

很多企业的晋升制度都不完善。在这些企业中，职称无法准确地反映员工的能力；一些优秀人才由于学历低而无法满足晋升条件，失去了晋升的机会。工资和晋升制度的不完善会影响人才的工作热情和工作效率，不但会使人才失去对企业的信心和期望，也会损害企业的形象和利益。

2）不注重人才的使用和培养

一些企业没有把人才放到关键的位置，没有提供一个公平的工作环境，最终造成人才流失。一些企业忽略了对人才的培养，在对人才进行培训后没有重视培训的效果和反馈，这不仅徒劳无益，还会浪费时间和资金。通过人才培养，不仅可以进一步提升人才的工作能力，还可以将企业文化和其他知识注入人才的脑海中，从而培养出一支稳定、高质量的人才队伍。

3）分配制度不合理

利益分配既是人们自我价值的表现，也是一种必要的激励方式。不科学、不合理的分配制度必然会影响人才的工作热情和工作效率，进而影响企业的利益。

4.2.5 人才流动"门槛"问题突出

从京津冀地区的人才市场和劳动力市场来看，最根本的问题在于如何推动人才的自由流动，形成一个统一的人才市场。中国人事科学研究院副院长李建忠指出，当前京津冀地区的人才流动呈现出"单向流动"的特征。

佟仁城认为，环境、产业、人才资源等大范围内的整合，单凭市场和当地的合作是行不通的。京津冀三地从各自的利益出发，都有各自的目的，即使三方谈判，也只能在一定程度上达成一致。首先，由于制度体制的限制，像中国科学院之类的科研机构，以及北京市知名高校在河北省和天津市设立分所、分校的速度比较慢；其次，部分地区缺少高层次人才共同交流的氛围，让高层次人才不愿来；第三，部分地区不清楚自己的行业定位，不知道怎么才能有针对性地向高层次人才抛橄榄枝，也不清楚如何合理地使用高层次人才；第四，人才的外延发展必然会涉及时间和交通方面的成本，当这两方面出现不利因素时，人才的流动就会受到很大的影响。

4.2.6　人才机遇不足

中关村人才协会副理事长刘淮松说，中关村是最具潜力的地方，中关村人才协会一直在关注、跟踪、研究中关村的人才。在过去的 7 年里，中关村人才协会每年都会发布中关村人才资源状况调查报告。中关村的从业人员对中关村的发展前景最为自信，但对北京未来的居住环境缺乏信心，住房、空气质量、培训机会、交通、工资、子女教育、户籍等问题都是中关村的从业人员关心的几个问题。刘淮松认为，政府应该在完善北京市"绿卡"体系的基础上，探索设立中关村"绿卡"的可行性，并将中关村的各分园动员起来，将更多的人力物力投入人才合作中。

目前，世界高技术产业的重新划分是高技术企业面临的一个新机会。特别是在 2008 年全球金融危机后，美国的高技术产业正处于全球化的、对世界经济和科技产生重大影响的阶段。京津冀协同发展是否能够把握住这一机会呢？目前我国制造业传统要素的低成本优势正在弱化，唯一可以依赖的就是人才和知识。人才和知识将成为未来经济发展的重要力量。京津冀地区应该利用京津冀协同发展的战略部署，引入高技术企业，吸引高层次人才。河北省和天津市要在实行"阳光工程"的同时，加大对高层次人才和创业者的"资本绣球"力度。

要实现京津冀人才的协同发展，就必须破除行政壁垒，提供政策和制度上的支持。从制度上看，应该打破京津冀三地各自为政的局面，建立京津冀协同发展的领导体制。京津冀三地各有优缺点，需要打破固有的思维方式，制定长期战略目标，在中央的统筹安排下制定统一的财税政策，解决户籍、子女教育、收入差距、房价居高不下等问题，以便吸引更多的高层次人才。

4.2.7 经济发展不平衡

京津冀地区是继珠三角地区、长三角地区后的"第三极"。珠三角地区和长三角地区的主要城市，如深圳市、珠海市、汕头市、厦门市、南京市、杭州市、宁波市、苏州市等，经济发展相对比较平衡。京津冀地区则不同，三地的经济发展水平不平衡，造成了"北京吃不下、天津不够吃、河北没饭吃"的状况。大部分高层次人才基本上只会把目光放在北京市，不能留在北京市的，大部分都会选择珠三角地区和长三角地区，很少有愿意到天津市和河北省的。

4.2.8 缺乏良性的合作机制

由于历史原因和客观原因，京津冀地区各自为政的现象依然较为普遍。京津冀三地都担心人才合作会导致本地人才的流失。北京市在人才资源方面具有很大的优势，但大多集中在高校、科研机构、央企等单位，而市属单位的人才缺口比较大。天津市高层次人才的总量相对于南方地区的部分省份来说，还不够突出，有一定的劣势。近几年，天津市的部分传统产业面临巨大的转型发展压力，需要大量的高层次人才。河北省的经济发展水平是京津冀地区中最低的，更希望引入京津两地的高层次人才。另外，区域之间的交流与合作，也很容易造成人才外流的地区出现短期的人才紧缺。由于难以消除对人才外流的担心，京津冀三地对人才合作的热情都不高。

4.2.9　现有合作领域有待拓宽

京津冀人才合作的领域主要包括联合建设人才网站、人事代理、人才派遣业务互助、发布招聘信息、举办联合招聘会等，而且长期局限于有限的区域，不利于高层次人才的集聚。京津冀地区要拓宽人才合作的领域，要在内容和形式上进行创新，要在多个方面提高人才合作的质量。

4.2.10　政策衔接不通畅、人才市场相对分割

长期以来，京津冀三地在人才政策、人才资源配置、人才服务等方面都有很大的差异，从而阻碍了人才交流。例如，在京津冀三地高校之间的师资流动中，天津市和河北省高校的具有正高级职称的教师在北京市无法享有原来的职称和待遇。另外，京津冀地区还没有形成职业资格互认机制，使得三地的人才市场相对独立，阻碍了三地人才的自由流动，使三地人才的比较优势不能形成互补，无法提高京津冀地区的人才综合实力。

4.3　京津冀 R&D 人才流动的建设性探索

京津冀人才合作旨在提升人才综合竞争力，推动人才流动与协作，逐步形成人才共享、结构互补、交流共享、互利共赢的格局，从而提升区域的整体竞争力。要推动京津冀人才合作，必须破除影

响人才流动、人才使用、人才作用发挥等的制度障碍。

一是京津冀地区要联合制定人才培养制度。首先，京津冀地区要加强人才资源的共享，建立一个统一、开放的人才交流平台，促进人才资源的有效利用；其次，要统筹考虑未来的人才总体需求，确定人才开发的重点，统筹人才引进与培养的分工协作，实现人才资源的合理配置。

二是京津冀地区要建立一体化的人才培养和流动机制。不仅要合理安排 R&D 人员入京定居指标，探索京津冀 R&D 人才的流动与发展，还要重视引进从国外学习回来的优秀人才和国际优秀人才。对于符合条件的外籍高层次人才，可在户籍、出入境、医疗、保险等方面提供优惠政策。针对京津冀人才合作，有的政协委员建议利用中国（天津）自由贸易试验区的优惠政策，在中关村建立符合高技术企业特征的保税仓库，以减少科技创新的成本，促进科技创新；建立京津冀科研成果库、科技报告和科研成果注册机制，筛选出一批技术先进、发展前景好、具有战略性和前沿性的科研成果。

三是要在京津冀地区建立人才飞地，让企业推动 R&D 人才的流动。北京市拥有强大的科研力量，如果能够在京津冀地区实行同城政策，真正做到人才跟着产业走，市场"用脚投票"，则可以使人才与企业一起在京津冀地区流动。

四是要促进京津冀地区产业的合理分工。目前，京津冀地区存在人才资源"高低不平"的状况，需要各地合理地规划未来的产业梯度。高技术企业的发展在很大程度上取决于自身的潜力，这就需要各地对专业人才储备、资源禀赋、行业基础等因素进行全面的评估，确定今后的发展方向。

五是要在京津冀地区灵活地引进人才。科研机构和大学的 R&D

人才可以按照自己的实际需求，自主选择工作岗位和居住地；在不违反单位保密协议的情况下，可在工作之余在其他单位从事科研工作。《中共中央国务院关于进一步加强人才工作的决定》（中发〔2003〕16 号）明确提出：鼓励专业技术人才通过兼职、定期服务、技术开发、项目引进、科技咨询等形式开展人才流动。例如，江苏省鼓励和支持事业单位职工兼职兼薪，以充分发挥人才资源的作用，将科研成果转化为现实生产力，支持科研人员到企业从事技术开发，并由财政资金落实柔性引进高层次人才的待遇。京津冀地区应充分利用现行政策，结合其他省份的成功做法，探索人才兼职研发、共建研发中心、共同研究立项课题等，实现人才潜力的最大化。

1）制定科学的人才发展战略

京津冀地区必须从区域整合的角度出发制定科学的人才发展战略，实施长期、全方位的人才开发规划，明确优先领域，强化区域分工和协作。从京津冀地区现有的人才结构来看，必须发挥各地的优势，在人才结构和需求上进行错位配置。在产业布局方面，京津冀地区的各大城市在选择发展项目时，需要选择自己擅长的领域，形成一个初步的产业分工体系。北京市的发展重点是第三产业，以服务业为主；天津市的发展重点是制造业和现代服务业，同时还要兼顾港口的大型化工企业；河北省的发展重点是化工产业、高技术产业、制造业研发、加工配套、农业、休闲旅游业，为京津两地提供有力的支撑。

2）加强政策和制度的衔接

京津冀地区应当建立区域发展委员会，建立联合机制，加强经济、科教、社科、人才等领域的协调和发展（主要工作包括讨论与发展相关的重要问题、跟踪大型项目的执行、协调项目的实施、全面评价项目质量、定期交流、安排下一阶段的工作）；同时，也要整合现有的一些人才资源，为人才的培养、引进、使用、流通、激励等提供政策和制度方面的保障。

3）构建京津冀人才共享联盟、以灵活的方式引进人才

柔性引进人才是指在保留人才与其现工作单位人事关系的前提下，破除过去在国界、户籍、地区、档案、人事等方面限制，采取兼职、咨询、演讲、顾问等方式来引进人才。在"薪酬与业绩挂钩""优秀人才、优异成绩、优厚酬劳"等政策的指导下，采用灵活的薪酬体系，如课题工资等，将科研成果入股，促使并支持高层次人才携带科研成果进行创业。所谓人才联盟，是指通过共同建设人才工作站、举办高层次人才讨论会、搭建高层次人才共享平台，有效地展示人才在科学研究、技术革新、产业培养、顾问咨询等方面的价值。鼓励和帮助科技创新人才开展跨地区合作，将科研成果转化为生产力。同时，也可以与其他组织合作，在海外招聘、共享优秀人才，推动京津冀地区与海外高层次人才的对接。

4）破除发展的传统观念

要实现京津冀人才合作，就必须抛弃落后的思想观念，大胆创新、解放思想，改变京津冀三地各自为政的局面，破除三地的行政壁垒，形成一种共赢的局面。

京津冀地区要进行科学的规划，明确发展的方向和目标，制定发展战略。京津冀三地要发挥自身的优势，缩小三地的差距，促进

京津冀协同发展。

5）合理利用人才资源、促进人才流动

京津冀地区的人才交流与共享具有重要意义，应逐步破除三地的"人才保护主义"，为人才的交流和共享创造更多的机会。京津冀地区要抓住京津冀协同发展的历史机遇，进一步加强人才培养的力度，激发高层次人才交流合作的积极性和主动性，深化人才引进体制机制改革，形成人才自由流动的氛围，实现人才资源的优化配置。同时，京津冀地区还有要充分利用区域内的高校、科研机构、培训机构等优势资源，构建人才共享平台和机制，用好、用足引进高层次人才的政策，促进人才在京津冀地区的流动和共享，解决人才结构性的矛盾，避免出现人才闲置或人才缺位的现象。

6）实行多元化用人机制、实现人才资源的合理配置

京津冀地区通过实施高层次人才的柔性引进工程，广泛吸纳具有一定学术影响力的高层次人才；发挥人社部门的职能作用，注重院士及专家学者的柔性引进，吸收区域外的高层次人才；通过讲座、课堂教学、科研项目合作等多种形式，推动京津冀地区的人才发展，逐步建立以事业单位为主、灵活引进为主的多元化用人机制。天津市和河北省要完善住房、交通、医疗、教育等基础设施条件，在涉及人才切身利益的方面（如户籍、编制、档案、教育、医疗、住房、子女上学等），制定更加灵活的机制。

京津冀三地要缩小服务、生活环境等方面的差距，通过对北京市非首都功能的有序疏解，加速三地产业结构的调整，形成具有不同梯度的产业集群，发挥人才集聚效应和辐射效应，实现人才资源

的合理配置。

7）健全人才分享保障体系

京津冀地区可通过签订相关协议，促进高层次人才的共享，强化京津冀三地联席会议制度，并定期举行联席会议。例如，通过政策发布会、人才交流会、论坛、项目洽谈会等各种形式，确保京津冀地区的人才能及时了解相关的人才政策和人才需求，推动人才的自由流动。通过健全人才资源共享机制，建立高层次人才库和各地的人才资源门户，建立统一的人才市场，加快人才评价标准，实现职业资格互认和社保联网等，形成有利于人才流动与融合的体系。

第 5 章

京津冀人才流动理论模型

进入知识经济和全球经济一体化时代后，人才的重要战略资源地位更加凸显。人才流动成为经济发展的一个关键因素，它对经济的持续增长和区域的协同发展产生了深远的影响。因此，对人才流动的共性、机制和规律进行深入的探讨，对于促进人才的有效使用和开发、实现其经济效益的最大化，均具有重要的意义。尤其是在我国，在人才短缺和区域经济发展不平衡的情况下，对人才流动进行研究是十分必要和迫切的。

京津冀是环渤海区域经济发展的核心地区，其经济发展水平位居全国前列，是环渤海区域经济发展的"龙头"。但是，相较于长三角和珠三角地区，京津冀地区有很大的不同。人才是最具活力、最具能动性和最具创造性的要素，因此人才合作是最重要、最关键的环节。

人才流动是一个非常复杂的问题。随着社会的发展，人才流动问题越来越受到社会各界的重视。在京津冀协同发展的大背景下，人才流动已成为影响区域经济发展的一个重要因素。为此，本章对京津冀人才流动理论模型进行了探讨，以期推动京津冀人才的合理流动和快速发展。

京津冀是与珠三角地区、长三角地区同样具有发展潜力的地区。要使这三个地区成为全国经济发展的三大引擎，就需要加速区域经济的融合与人才的整合。京津冀人才合作是京津冀地区全面交流和合作的一个重要内容。京津冀人才合作已成为人才资源的合理配置、激发区域活力的有效保障。京津冀地区要对人才合作的成果和问题进行全面总结和梳理，吸取其他地区的先进经验和做法，采取更积极、更务实的态度，推动京津冀人才合作的深入开展，为此要统筹区域人才发展规划，加强政策协调和体制衔接，以灵活的方式吸引人才，在京津冀人才合作的基础上，形成良性的人才流动模式。

5.1 常用的人才流动理论

5.1.1 国外人才流动理论的研究

1）个体层面人才流动理论

（1）西奥多·舒尔茨（Theodore W. Schultz）关于人力资本的理论。人力资本理论的奠基者西奥多·舒尔茨在其著作《论人力资本投资》中提到，人力资本包括在教育、医疗保健、劳动力流动等方面的投入。人才流动不仅会影响人力资本的效益，还会对其他领域造成一定的影响。

（2）克雷顿·奥尔德弗（Clayton Alderfer）的 ERG（Existence Relatedness Growth）理论。美国耶鲁大学组织行为学教授克雷顿·奥尔德弗把人类的需求分为三个层面：生存（Existence）需求、关系（Relatedness）需求、发展（Growth）需求。当一个人在一种情况下无法满足自己的需求,而在另一种情况下能满足自己的需求时，他就会寻求后一种情况。

（3）职业发展理论。职业发展在个人生活中是一个连续长期的过程，一般将职业发展分为探索、创业、维持、离职四个阶段。职业发展的每个阶段都有各自的任务、活动和关系。职业发展理论能够帮助个人寻找与其目标和价值观相一致的企业，从而实现个人潜力的最大化，促进个人的发展。

（4）美国心理学家库尔特·勒温（Kurt Lewin）的场理论。一个人的工作业绩，除了与其自身的能力、素质有关，还与其所处的环境息息相关。当一个人处在一个不适合自己的工作环境中时，如不适合自己的专业、人际关系不好等，这个人就很难发挥自己的聪明才智。通常情况下，个体对环境的变化是无可奈何的，只能选择远离这种环境，到其他更适合的环境。

（5）卡兹（Katz）关于组织寿命的理论。美国学者卡兹在对科研机构进行研究时，通过大量的数据得到了一条卡兹曲线。卡兹曲线表明，某个成员在科研机构的 1.5～5 年内，其信息沟通水平是最高的，获得的科研成果也是最多的。在不到 1.5 年的时间里，成员的信息沟通水平不高，获得的科研成果也不多，这是因为相处不长，成员之间还不熟悉。超过 5 年后，由于成员之间过于了解和熟悉，在思维上已经形成定势，会导致反应迟钝和认识趋同化，科研机构也会失去活力。

（6）库克曲线。美国学者库克（Kuck）对毕业生工作后的创造力表现进行了统计与分析，得到了创造力水平变化的曲线—库克曲线。库克曲线表明，适时地改变工作领域和研究项目，可激励科研人员的创造性。

2）组织层面人才流动的研究理论

（1）马奇和西蒙模型。马奇和西蒙模型在员工流动过程中引入了劳动市场和个人行为变量，为未来的员工流动提供了理论依据。该模型可用于人才流动的研究。

（2）普莱斯模型。普莱斯模型考虑了影响员工流动的决策因素与干扰因素，并将企业与个体两方面的变量结合起来，对员工流动进行了研究。在普莱斯模型中，工资水平、融合性、基本交流、正式交流和企业权力集中是影响员工流动的重要因素，工作满意度与工作变动的机会是影响员工流动与其他影响因素的中介变量。

3）社会层面人才流动的理论

人才流动是社会化大生产的必然结果，也是产业结构调整对人才资源进行优化配置的必然需求。除了上述微观层面（个体层面和组织层面）的相关理论，一些学者从社会化大生产以及产业结构调整的方面对人才流动进行了分析。

（1）配第-克拉克定理。英国古典政治经济学家威廉·配第（William Petty）认为，随着经济的发展，工业重心将逐步从实物生产转向无形的服务产品，同时劳动力也随之从农业流向工业、从工业流向商业。

英国经济学家科林·克拉克（Colin Clark）在前人研究的基础上，采用三次产业分类法对三次产业结构的变化与经济发展的关系进行了大量的实证分析，总结出三次产业结构的变化规律及其对经济发展的影响。三次产业之间人才资源的比重变化趋势是：第一产业人才资源的比重持续下降；第二产业人才资源的比重在持续增长；第三产业人才资源的比重将超过第一产业和第二产业。

配第-克拉克定理揭示了人才资源在三次产业间的梯度转移规律，反映了人才资源结构的演化过程。

（2）人才重组学说。从理论上讲，人才资源总量可以分为两大类：人才资源存量和人才资源增量。前者是已经存在的，后者则是新增的。一些学者提出了人才结构调整的观点，即"再教育、培训、进修"可以改变人才资源存量，以适应社会和经济发展的需求；通过对高校专业结构的调整，可改变人才资源增量，使人才资源存量和人才资源增量的关系变得更加紧密、更加和谐。

（3）人才高效流动学说。一些学者将边际劳动生产率的概念引入人才流动，通过边际劳动生产率的变动，为人才的流入和流出做出合理的决定。如果边际劳动生产率降低，则可以用人力资本的方式来弥补，否则单位的效益就会降低。边际劳动生产率较低的企业应该鼓励人才流出，边际劳动生产率高的企业则应该吸引更多的人才。

5.1.2　国内人才流动理论的研究

（1）人力资本流动理论。南京大学商业学院赵曙明教授指出，从整个社会的观点来看，人才流动是人才资源优化配置和开发的需要。各行业、各地区、各企业的发展不平衡，人才需求势必会出现失衡。要充分发挥人力资本的作用，增加其边际贡献，就必须使人力资本由较充足的行业、地区和企业向人力资本相对稀缺的行业、地区和企业流动。

（2）人才流动对经济效益的影响。山西财经大学冯子标教授从人力资本运作的角度，对人力资本的形成、流通、配置进行了探讨，并利用经济成本-收入分析方法，建立了人力资本的流动决策模型。

（3）政府在人才流动中的作用。一些学者提出了两种运行机制运作的理论，即在市场机制的基础上，发挥行政机制的作用。一个国家的经济发展和人才资源配置都有其自身的发展规律，而最关键的一点是，不管人才流向哪些产业、哪些地区、哪些企业，这些产业、地区和企业都要有足够的人才吸纳能力，否则就无法吸引人才。市场机制和行政机制可以根据供求关系来调节人才的质量和数量，从而提高人才吸纳能力。

（4）对公务员流动机制的研究。湘潭大学公共管理学院院长梁丽芝对我国公务员的流动机制进行了研究，指出了公务员流动的客观基础是公务员个体发展和社会发展的需要。为了适应当前全面深化改革向纵深推进，以及政府对于高素质人才需求的新形势、新任务和新要求，必须与时俱进地健全和完善我国的公务员流动机制。健全和完善公务员流动机制的重点包括公务员流动市场机制、公务员流动协调机制、公务员流动评价机制、公务员流动激励机制和公务员流动约束机制。

5.2 京津冀地区的人才结构及其与产业结构的相关性

人才合作对京津冀协同发展和京津冀地区的产业结构调整具有重要的意义。改革开放以来，京津冀地区的经济持续高速增长，导致大量人才在三次产业间流动，第一产业人才资源的比重逐渐降低，第二产业和第三产业人才资源的比重逐渐增加。当前，京津冀地区三次产业的 GDP 比重从大到小依次是第三产业、第二产业和第一产业。产业结构的优化和升级将带动经济发展，在经济持续发展的过程中，产业结构将会突破原有的瓶颈，寻求更高的发展水平，这将直接影响人才结构，促进人才流动，从而带动资本、技术、信息等的流动。

5.2.1　京津冀地区的人才结构

从受教育状况来看，北京市具有硕士研究生及以上学历人才在数量上占据绝对的优势。在全国范围内，北京市的高等教育资源质量是最好的。北京市现有"双一流"建设高校 34 所，约占全国总量的 23%。就专业技术人员的学历而言，北京市和天津市的总体水平均比河北省高，虽然河北省的高校数量多，但高等教育资源的质量偏低。从具有中等职业学历的人数来看，河北省的数量最多，其次是天津市，最少的是北京市。通过对京津冀地区接受教育的人口构成对比可以看出，河北省的人才培养水平处于不利地位，京津冀三地人才资源配置的差异较为明显，三地对高层次人才的吸引力出现了断崖式的差距，这对三地产业的深度合作产生了一定的影响。

京津冀地区的经济发展促进了高等教育资源和人才质量的提高。总体而言，京津冀地区的各类专业技术人员逐年递增，京津冀地区的发展与各类专业技术人员所做出的贡献是密不可分的。

1）京津冀地区的人才学历比较

京津冀地区的人才学历比较如图 5-1 所示。

从图 5-1 可看出，北京市具有本科及以上学历的人才数量有明显的优势；河北省具有本科学历和大专学历的人才数量，以及具有大专以下学历的人才数量都远远高于天津市，说明河北省在总体水平上具有比较优势。

京津冀地区每万名从业人员中具有大专及以上学历的人才数量如图 5-2 所示。

京津冀地区每万名从业人员中具有研究生学历的人才数量如图 5-3 所示。

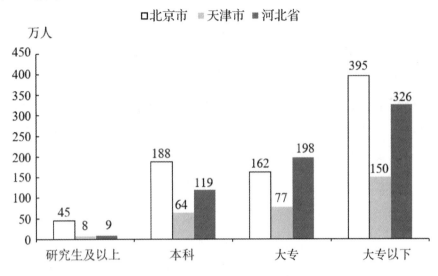

图 5-1 京津冀地区的人才学历比较

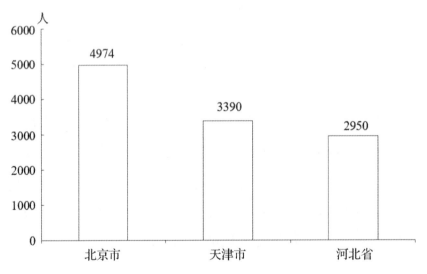

图 5-2 京津冀地区每万名从业人员中具有大专及以上学历的人才数量

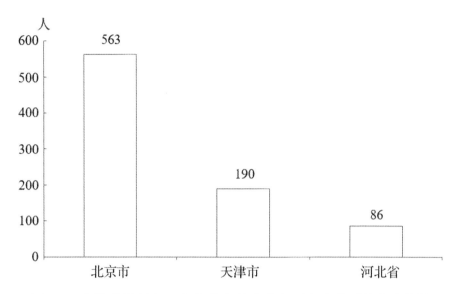

图 5-3 京津冀地区每万名从业人员中具有研究生学历的人才数量

图 5-2 和图 5-3 从某种程度上反映了京津冀地区的人才质量，在每万名从业人员中，北京市拥有大专及以上学历的人才最多，天津市次之；拥有研究生学历的人才数量进一步拉大了三地人才质量的差距。

2）京津冀地区技能人才的比较

京津冀地区的技能人才数量比较如图 5-4 所示。

从图 5-4 可以看出，河北省的技能人才数量占有很大的优势，这也是河北省人才的特点；天津市在技能人才方面的表现较弱。

京津冀地区每万名从业人员中具有技师及以上职业资格的人才数量如图 5-5 所示。

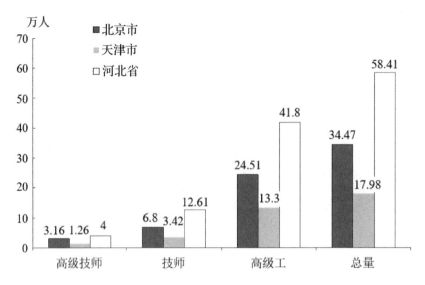

图 5-4　京津冀地区的技能人才数量比较

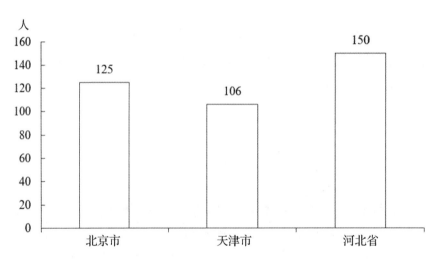

图 5-5　京津冀地区每万名从业人员中具有技师及以上职业资格的人才数量

　　京津冀地区每万名从业人员中具有高级技师职业资格的人才数量如图 5-6 所示。

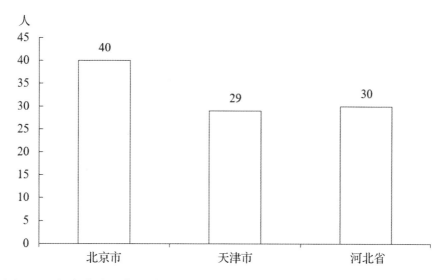

图 5-6　京津冀地区每万名从业人员中具有高级技师职业资格的人才数量

图 5-5 和图 5-6 显示了京津冀地区技能人才的分布情况和技能人才的质量，说明了河北省在技能人才方面的优势。

5.2.2　京津冀地区人才结构与产业结构的相关性

1）京津冀地区产业结构

京津冀地区 2020 年三次产业的 GDP 总量及构成比较如表 5-1 所示。

表 5-1　京津冀地区 2020 年三次产业的 GDP 总量及构成

地区	GDP	第一产业 GDP 及比例		第二产业 GDP 及比例		第三产业 GDP 及比例		人均 GDP
北京市	36102.6 亿元	107.6 亿元	0.3%	5716.4 亿元	15.8%	30278.6 亿元	83.9%	16.4889 万元

地区	GDP	第一产业 GDP 及比例		第二产业 GDP 及比例		第三产业 GDP 及比例		人均 GDP
天津市	14083.73 亿元	210.18 亿元	1.5%	4804.08 亿元	34.1.%	9069.47 亿元	64.4%	10.1614 万元
河北省	36206.9 亿元	3880.1 亿元	10.7%	13597.2 亿元	37.6%	18729.6 亿元	51.7%	4.8528 万元

从表 5-1 可以看出，北京市第三产业的 GDP 占全部 GDP 的 83.9%，说明北京市具有知识及技术密集型的产业结构特征；天津市和河北省的产业结构出现了同构现象，两地第二产业 GPD 的占比相当接近；河北省第一产业 GDP 的占比为 10.7%，这既是河北省有别于京津两地的差异化表现，也是河北省产业结构的特点和相对优势所在。

2）京津冀地区对人才的需求

根据京津冀三地制定的中长期人才发展规划纲要（2010—2020 年），可以得到京津冀地区对人才的需求，如表 5-2 所示。

表 5-2　京津冀地区对人才的需求

地　区	对人才的需求
北京市	集聚教育、科技、文化、艺术等领域的一大批世界级大师
天津市	在航空航天、石油化工、装备制造、电子信息、生物制药、新能源、新材料、国防科技、金融财会、国际商务、城市规划、现代交通、物流运输、生态环保、现代农业等经济发展重点领域，在教育卫生、文化艺术、宣传思想、防灾减灾、政法等社会发展重点领域培养和引进一批专业技术人才

地　　区	对人才的需求
河北省	大力加强钢铁、装备制造、石油化工、医药等产业人才队伍建设；大力加强电子信息、生物医药、新能源、新材料、环保等重点高技术产业领域人才队伍建设；有力推进物流、金融、旅游、会展、房地产及交通运输、信息咨询等主要现代服务业人才队伍建设

从表 5-2 可以看出，北京市对人才的需求与其产业结构十分契合，教育、科技、文化、艺术等领域的世界级大师与北京的产业结构特点相匹配；天津市和河北省对人才的需求存在着较大的同构性，石油化工、装备制造、电子信息、生物医药、新能源、新材料、环保、物流、金融、交通运输等领域的人才需求几乎完全相同，两地势必会在经济发展与人才发展两个方面展开竞争。

5.3　京津冀人才流动的内在驱动力、效能和实现途径

5.3.1　京津冀人才流动的内在驱动力

供求失衡是当前我国人才资源配置中面临的一个主要问题，它与具体的经济发展阶段息息相关。在经济体制上，我国实行的是社会主义市场经济体制；在资源配置中，市场起着决定性的作用。在市场机制的作用下，人才的竞争意识将会大大增强。人才竞争意识的增强，将在社会中形成"能者上"的良好氛围，使人才各取所需、各尽其能，充分发挥其潜力。使人才的积极性、主动性、创造力得

到充分的发挥，是实现人才资源市场配置的先决条件。利益是市场经济的一个重要指标，追求利益最大化是市场经济的突出特点。在市场经济发展到一定阶段后，为了实现自身的有效发展，必然需要在某一地区实行联合发展的方式，从而在该地区打破原有的地域界限，在该地区实现资源贡献和优势的互补，从而使该地区得到整体发展。

人才资源整合是促进人才一体化的关键环节。京津冀人才一体化是京津冀协同发展的关键，京津冀地区要实现高质量的发展，必然要在人才资源整合方面发挥应有的作用。京津冀协同发展离不开京津冀人才一体化，否则就是一种不健全、不全面的发展。人才资源的整合，是一个地区综合发展水平的一个重要标志，也是一个整体的综合。人力资本是经济发展中最具活力、最具创造性的因素之一，京津冀人才合作可以推动京津冀区域经济一体化，为京津冀区域经济一体化注入新的活力与动力。

京津冀人才一体化可以有效地发挥京津冀地区的人才优势，有利于京津冀地区的人才流动，实现人才资源的有效配置，从而实现京津冀三地的人才集聚，为京津冀地区的经济发展提供强大的人才支持。京津冀协同发展离不开京津冀人才合作。京津冀人才合作是京津冀协同发展的内在动力，京津冀人才合作的水平也是京津冀地区经济融合发展的重要标志之一。

5.3.2 京津冀人才流动的效能

人才是最根本的资源之一，京津冀地区的人才合作对人才的发展起着举足轻重的作用。京津冀人才合作可以激活京津冀地区的人才资源，整合人才发展的优势，使京津冀三地的人才资源相辅相成，使人才合作的效果最大化。在推动京津冀区域经济一体化的进程中，京津冀人才一体化具有以下几方面的作用。

（1）京津冀人才一体化可以有效地整合京津冀地区的人才资源。人才合作是指突破原有的地缘、制度等限制人才发展的瓶颈，建立适合人才发展的制度机制，充分挖掘区域内人才的潜力，将原有的人才资源整合起来，弥补原有的不足，激发人才发展的动力和活力，最大限度地发挥人才一体化在区域经济一体化方面的效能。京津冀人才一体化可以有效平衡京津冀地区的人才供求矛盾，提高人才质量，优化人才供给，破除京津冀地区在人才培养、供给、使用等方面的制度障碍，为人才的培养与发展提供良好的制度保障，实现京津冀人才资源的有效整合，为京津冀协同发展提供长期的人才支持。因此，需要把京津冀地区的所有资源都集中起来，尤其是思想活跃、具有创造性的人才资源。

（2）京津冀人才一体化可以提高人才的使用效率。在京津冀协同发展的进程中，只有破除制约人才流动的行政壁垒和制度障碍，最大限度地发挥京津冀地区的人才资源优势，才能促进京津冀协同发展。总体而言，人才培养和使用方面的行政壁垒与制度障碍会造成两个问题：

一是制约京津冀地区的人才自由流动，使人才在工作中丧失自主选择性。

二是京津冀地区的人才制度有较大的差距，造成了人才市场的分割。由于人才市场的分割，使得企业无法按照自己的生产需求自由地选择适合自身的人才。

在人才资源市场配置机制的引导下，公平和效率是衡量人才资源市场配置的一个重要指标，人才效率的最大化则成为本地区人才资源配置的主要追求。同时，对人才市场的制度性分割也会给人才的就业和使用带来一定的难度，导致京津冀地区人才资源利用效率的下降。加速京津冀地区的人才交流，应当采用以利益为纽带、以利益共享为核心的京津冀人才一体化发展模式。这种发展模式的实质是在人才资源市场配置机制的基础上，确定京津冀人才市场的主体地位。考虑到京津冀三地的人才使用情况，可在京津冀地区制定一个有利于人才资源利用效率最大化的政策，从而充分调动京津冀地区人才的活力，提高京津冀地区人才资源的利用效率。

5.3.3 京津冀人才流动的实现途径

京津冀人才流动的实现途径如下：

（1）在京津冀地区实现人才一体化的全局视野。在京津冀协同发展的大背景下，能否有效地整合人才，将直接影响到京津冀协同发展的进展。京津冀人才合作的本质在于突破区域界限，破除制约京津冀人才一体化的行政壁垒和制度障碍，以共同的目标和行动来引导京津冀地区的人才发展模式，从而使人才的培养和使用达到最佳效果。从这一点来看，京津冀人才一体化就是要破除落后的传统观念，促进京津冀三地人才政策和体制的融合。目前，京津冀地区的人才培养与使用还存在人才资源配置不平衡、高层次人才区域性短缺、人才资源市场配置机制不完善等问题。产生这些问题的原因是原有的行政区划导致京津冀三地在人才培养、开发、使用等方面各自为政，过多地追求在本地行政区划范围内的利益最大化。但京津冀协同发展的提出与实施，必然会产生相应的人才合作模式，这就需要把人才合作模式与京津冀协同发展的需求结合起来。在人才培养、引进、使用等方面，京津冀三地的财政投入和人才配套优惠政策有较大的差距，并且这种差距随着经济发展而日益扩大。在京津冀协同发展的大背景下，京津冀三地应本着互惠互利、合作共赢的理念，推动京津冀人才合作，最大限度地发挥人才的作用。

（2）要转变"单边"思维方式、"本位"思维方式，构建新的思维方式，实现合作共赢。在相当长的一段时间里，"谁培养、谁使用、谁受益"的人才培养和使用思维方式占了主要的地位，导致了"单边"思维方式、"本位"思维方式。在人才使用方面，常常会设立一套限制人才自由流动的措施。例如，某些地区的用人单位为了留住人才，常常会约定诸如服务期、违约赔偿金等合同条款，从而限制人才自由流动。这充分反映出"单边"思维方式、"本位"思维方式，造成了人才培养和使用的"封闭"模式，从而影响了人才培养和使用的效率。因此，在人才的培养与使用方面，必须转变"单边"思维方式、"本位"思维方式，建立合作共赢的人才培养与使用思维方式，以最大程度地挖掘人才的潜力，实现人才使用效率的最大化。实现合作成果共享是推动各地区、各部门积极参与地区间人才合作的动力源泉，也是推动地区间人才流动的动力源泉。要真正实现京津冀人才合作，就要破除观念上的障碍，用新的人才培养与使用思维方式替代"单边"思维模式、"本位"思维方式。

（3）完善人才政策，促进京津冀人才合作的良性发展。完善的人才政策，可以为人才的引进和使用创造一个比较宽松的环境，从而激发人才的主动性和创造性，使他们更好地投入生产实践。完善的人才政策应该包括两方面：

一是完善的人才保障体系，包括住房、落户、子女入学等一系列保障体系，可以缓解人才发展的压力。

二是建立有利于人才工作的各种激励和奖励体系，其中包括职位和职称的晋升、各类荣誉称号的发放等，从而极大地调动人才的积极性。

京津冀区域经济实现快速、协调、高质量的发展，需要建立完善的人才政策，为人才提供有力的支持。好的人才政策可以为人才培养、引进和使用提供强有力的保障。

（4）强化统筹协调，构建协调机制和创新机制。要想实现京津冀协同发展，必须有一个全面的国家顶层设计。

一是要加强体制设计，加强协同创新。加强对京津冀地区的统筹规划，对京津冀地区的科技资源、工业资源等的优势进行分析，实现差异化发展，把京津冀地区发展成一个以科技创新为核心的大城市集聚体。

二是要确定"一核两翼"战略定位。"一核"是指充分发挥北京市在京津冀协同发展中的核心引领作用，把有序疏解北京市非首都功能、优化提升首都功能、解决北京市的"大城市病"问题作为首要任务，在推动非首都功能有序疏解的同时，大力推进内部功能重组，引领带动京津冀协同发展。"两翼"是指由北京城市副中心与河北省雄安新区共同构成北京市的两翼，整体谋划、深化合作、取长补短、错位发展，努力形成北京城市副中心与河北省雄安新区比翼齐飞的新格局。结合"一核两翼"的功能定位，以综合发展规划为基础，在京津冀地区实现多层次、多目标的科技创新体系。

三是要破除制约京津冀地区科技创新要素自由流动的制度障碍，为京津冀地区提供技术要素的支持，使京津冀三地按照各自的特点形成特色鲜明的科技创新成果，缩小京津冀三地之间的科技投入差距，提高京津冀地区的整体科技水平。

四是要科学地规划重点研发计划和产业化进程的关键节点，构建京津冀协同发展的监测评价机制，通过引进第三方机构来及时评价和助力京津冀协同发展的实施，激发特色产业的创新技术内生动力。

五是要共同努力建设科技创新合作平台，推动科研成果的转化落地。北京市依靠大量的高校、科研机构和其他知识资源，在科技创新方面取得了丰硕的科研成果，但受限于市场能力，有些成果很难转化落地。天津市和河北省急需科研成果的产业化，应该鼓励在京津冀地区共建科技创新园区、科技孵化器等科技创新载体，承接新的产业转移，推进科研成果的转化落地。当前，中关村正处在创新空间密集、外溢明显的时期，利用中关村科技创新中心的辐射效应，在天津市和河北省建立科技创新园区，吸引中关村外溢的资源，平衡京津冀地区的科技创新资源的配置。天津市和河北省可以借鉴和推广中关村的科技创新模式，在两地形成科技创新中心。

六是要健全科技创新的服务体系，促进科技创新资源的有效利用。京津冀地区要推动科技市场、信息服务、科技金融等各类科技创新要素按照市场规律进行优化配置、自由流通，促进科技创新活动的顺利进行。首先，京津冀地区要建立技术市场的连接机制，促进京津冀地区的技术转移，由技术交易机构联合建立技术交易市场，为科技创新资源的自由流动提供一个合作的基础和平台。其次，京津冀地区要建立中介服务平台，聘请各类专业技术专家组成智库，实现专业技术人才资源的有效整合，开展联合创新业务。第三，要加强京津冀地区科技和金融的合作，完善科技信贷、科技保险、风险贷款补偿等多功能、多层次的京津冀科技金融和风险资本服务体系，为中小型科技企业提供帮助。

七是要把重点发展的新兴产业集中起来，对产业链进行重组。要推动科技创新要素的集聚，关键是要实现创新企业与产业之间的空间分工与合作。在科技快速发展的今天，京津冀地区的企业必须抛弃"单兵作战"的传统模式，形成一体化的产业集群。天津市和河北省要充分利用北京市的科技创新优势和辐射效应，提升两地的科技创新能力，构建京津冀地区的科技创新合作网络，实现"一核带动、多级联动"。京津冀地区高速铁路、高速公路等基础设施的建设，缩小了京津冀地区的空间间隔和时间间隔，为京津冀地区各种要素的流动提供了便利，拓展了京津冀地区的科技创新合作范围。

八是要建设具有开放性、包容性的科技人才市场，促进京津冀地区人才市场的整合。首先，通过对京津冀地区人才市场进行整合，可建立高层次人才信息库，实现京津冀地区高层次人才信息的整合，通过技术入股、咨询建议等途径，促进区域间人才流动。其次，通过协调社保、人社、税收等部门，加快京津冀地区交通运输网络的建设，完善教育、卫生等人文环境，推动京津冀地区的人才流动，并将全国优秀的人才吸引到京津冀地区。第三，要根据京津冀地区的经济发展状况，合理布局相关产业链上的新型科研机构，通过技术咨询、人才共享等方式实现人才的柔性引进，切实有效地推进招才引智工作。

5.4 京津冀的产业结构和人才流动的途径选择

《京津冀都市圈区域规划》是"十一五"规划中的一个重要的规划，为京津冀地区的经济和社会发展提供了一个清晰的思路。

北京市的城市功能定位是首都、国际化大都市、文化名城、宜居城市，因此北京市要充分利用本地的高校、科研机构、高技术企业和大型企业等的优势，大力发展高技术产业和高端服务业，逐步将低端制造业转移到其他地区。

天津市以建设国际港口城市、北方经济中心、宜居城市为核心，要重点发展航空航天、石油化工、装备制造、电子信息、生物医药、新能源、新材料、国防科技、轻工纺织等先进制造业，以及现代物流、现代商贸、金融保险、中介等现代服务业，并适当发展大运量的临港重化工业。

河北省以建设京津冀地区高技术产业、先进制造业、现代化农业、旅游、休闲度假等的基地为目标，还把重点放在农业、畜牧业等第一产业上，成为京津两地的"米袋子""菜篮子"。

京津冀地区的职能定位、产业结构和布局定位，为三地的人才发展、人才交流与融合提供了依据和条件。

5.4.1　京津冀地区产业结构的错位布局与人才结构的错位布局

1）京津冀地区产业结构的错位布局

《京津冀都市圈区域规划》的出台，旨在充分利用京津冀地区的独特区位优势，实现京津冀地区产业结构的错位布局，如表 5-3 所示。

表 5-3　京津冀地区产业结构的错位布局

地　　区	产业结构的错位布局
北京市	重点发展第三产业，以发展高端服务业为主
	积极发展高技术产业
	向外转移低端制造业
天津市	主要发展先进制造业和现代服务业
	适当发展大运量的临港重化工业
河北省	原材料、重化工基地
	京津冀地区高技术产业、先进制造业、现代化农业、旅游、休闲度假等的基地
	京津两地的"米袋子""菜篮子"

2）京津冀地区人才结构的错位布局

京津冀地区要根据其产业结构的错位布局，对各类、各层次的人才进行规划和配置，以支持各地的产业发展。京津冀地区人才结构的错位布局如表 5-4 所示。

表 5-4　京津冀地区人才结构的错位布局

地　　区	人才需求类型的错位布局	人才需求层次的错位布局
北京市	以科研、文化、教育为主的创意文化人才	高层次
	以金融、保险、商贸、物流、会展、旅游等为代表的现代服务业人才	高、中层次
	电子信息、汽车、生物技术、现代医药、新能源等产业的人才	高层次
	电子信息、汽车、生物技术、现代医药、装备制造、新能源及环保设备等产业的人才及经营管理人才	高、中层次

地　　区	人才需求类型的错位布局	人才需求层次的错位布局
天津市	电子信息、汽车、生物技术、现代医药、装备制造、新能源及环保设备等产业的人才及经营管理人才	高、中、低层次
	现代物流、现代商贸、金融保险、中介等现代服务业人才	高、中、低层次
河北省	现代农业的人才	高层次
	钢铁、装备制造、石化、医药等产业的人才	高、中、低层次
	物流、金融、旅游、房地产业及信息服务业的人才	高、中、低层次
	农业实用技术人才	中、低层次

5.4.2　京津冀地区产业链布局与人才结构布局

1）产业链布局对人才类型与层次的需求

宏碁集团的创始人于 1992 年提出了著名的"微笑曲线"（Smiling Curve）理论。经过数十年产业经济发展的实践检验，"微笑曲线"理论成为各产业在制定中长期发展策略时的依据之一。"微笑曲线"理论表明，产业链的创新研发设计、制造加工、物流服务等环节的附加值曲线呈现两端高、中间低的形态。"微笑曲线"示意图如图 5-7 所示。

在产业链中，创新研发设计、制造加工、物流服务等环节对不同类型人才的需求也相应地呈现出了不同的形态。产业链不同环节对不同类型人才的需求如图 5-8 所示。

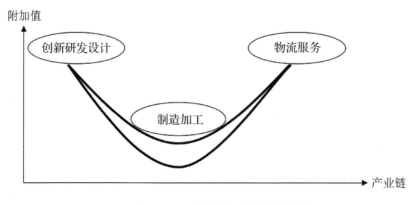

图 5-7 "微笑曲线"示意图

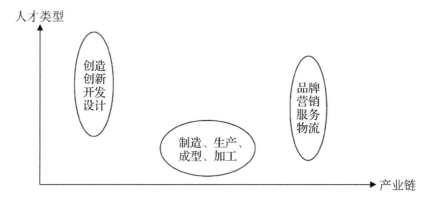

图 5-8 产业链不同环节对不同类型人才的需求

2）京津冀地区产业链中的人才梯次布局

由于产业梯度的存在，以及产业结构调整和升级的需要，不同地区之间会存在产业的梯度转移。在京津冀地区的产业梯度转移中，形成了京津两地是转移方、河北省是接收方的格局。

京津冀地区要按照产业链布局对人才的不同需求，配置不同类型与层次的人才，如表 5-5 所示，要有所为、有所不为，切忌求多求全。

表 5-5 京津冀地区产业链布局对人才的不同需求

主体产业在产业链中的位置	主体产业对人才类型的需求	主体产业对人才层次的需求
上游产业	创造、创新、开发、设计	高层次人才
下游产业	品牌、营销、服务、物流	高、中层次人才
中游产业	制造、生产、成型、加工	高、中、低层次人才

京津冀人才一体化是一个长期而复杂的过程，地方政府常常作为当地利益的代言人，以实现当地利益的最大化为目标。在市场经济下，各地的关系常常以利益为纽带，利益整合是市场经济的内在驱动力和核心。京津冀人才一体化也是如此。只有建立互惠、共赢、共享的机制，实现共同利益的最大化，各地才会积极参与京津冀人才一体化。因此，京津冀地区要坚持平等、民主、诚信的原则，在京津冀地区全面推进人才一体化的进展，为京津冀协同发展提供坚强保障。

5.4.3 京津冀人才一体化的实现途径

根据京津冀地区的特点，要推进京津冀人才一体化，就要设法缩小京津冀三地在科技创新资源、科技创新能力和就业创业环境等方面的差距，这就需要以教育和交流为基础、以产业和园区为载体、以项目和工程为抓手，实现更大范围的科技创新合作。

1）缩小认知差距、开展多方面的知识交流工程

科技创新合作的先决条件是合作方要在某种程度上具有相同

的认知基础，只有这样，合作方才能通过自身的学习来缩小认知差距，进而实现有意义的科技创新合作。当前，北京市和河北省在科技创新合作方面的一个重要问题，就是两地的主流人才群体没有形成统一的认识基础。要推动京津冀地区的科技创新合作，就必须以教育和交流基础、以京津两地的优秀人才为核心，提高河北省人才的质量。同时，通过对话和交流，可以使京津冀地区在更高程度上加深对科技创新合作的认同和理解。

要对跨地域、多学科合作的人才培养模式进行创新。支持北京市的高校和科研机构通过设立分支机构、合作办学的方式，在河北省共建人才开发孵化基地。经过北京市教育委员会和相关高校、科研机构的共同努力，实现了京津冀地区高校学分的互认，选择了一批优秀课程，实现了课程共享，明确津冀两地高校和科研机构的学生可以选修北京市高校和科研机构的课程。通过信息化管理，解决了当前科技创新合作的问题，促进了京津冀人才合作。京冀两地联合设立了河北省科研人员培训专班，重点对年轻的博士、博士后进行培训，充分发挥领军人才+创新团队的"晶核凝聚"效应，以异地教学、承担项目等方式，在河北省培育出了一大批符合行业发展需要的人才。

鼓励在京津两地的企业、社团"立足京津、贡献河北"，通过设立工作站、远程讲学、短期兼职、项目合作、技术联姻、培训等方式，积极开展科技创新合作。鼓励北京市的高校、科研机构与津冀两地的企业进行交流、互聘，并在京津冀地区的高校和科研机构设立一定比例的流动岗位，促进共建人才基地与当地企业的交流对接。

2）完善科技创新合作的载体、加速产业与园区的共建

从京津冀地区的实际情况来看，三地在经济发展水平、科技创新能力和社会公共服务水平等方面有较大的差距。目前，要在京津冀地区实现三地产学研主体的对接和高度融合，就要加快建立具有一定合作基础的产业集群，加快发展重点产业集群，建立协同创新平台。京津冀地区要携手推动产业转移，建立"园中园""共建园"，通过园区的建设，形成合作网络、产业要素、企业主体和产业链。

一是要整合京津冀地区的资源，建立一个新的工业基地。以"智能制造""生物制药"为先导，将"互联网+""云制造"等技术融入制造业领域，构建科技创新能力突出、空间布局合理的特色产业集群，加快"4+N"功能承接平台的建设，在津冀两地建立示范效应和辐射效应显著的科技创新园与创新中心。

二是要加速京津冀地区的产业分工，推动产业的转移。在《京津冀产业转移指南》的指引下，充分利用京津冀地区的优势，加强京津冀地区的分工合作，做好产业的转移工作，形成京津冀地区产业梯度转移。从以往的产业对接、园区共建，到共同解决产业发展的难题，打造产城融合的示范区。

三是要通过科技创新合作，促进河北省传统产业的转型升级，提高人才质量。通过建立京津冀地区产学研合作的科技创新园区、创新经营与管理方式、建立相应的协同发展机制，将京津冀地区产业创新联盟的资源和平台结合起来，推动京津冀地区产业的创新与协作。通过产业在各地之间的梯度转移，普遍性地提高人才的创新素质和能力。

河北省要实施更具竞争力的人才政策，尽快缩小其与京津两地

的差距。河北省的石家庄、唐山、廊坊等城市，应该采取更多的措施来促进区域之间的发展，并在人才政策的配合下，形成更为广泛的人才合作。河北省的中关村分园，要加大对北京市人才的吸引力。例如，根据"京校十条"，高校科技人才设立公司，可以按现金出资的 20%向国家申请相应的资金扶持，河北省可将这一比例提高到40%。对于急需的科研骨干、高级教师、高技能人才等，河北省可通过财政转移支付的方式设立专门的人才引进基金，大幅提高急需紧缺人才的待遇。

3）激发科技创新合作的动能、增设人才集聚工程与共同研发项目

要吸引国际先进人才，就需要扩大人才资源增量，促进人才资源增量和人才资源存量的共享。首先，要加快绘制中关村的国际人才分布地图，建设国际人才社区、国际人才研究院、国际人才港、津冀两地的合作示范园区。在京津冀地区设立高层次人才集聚工程，三地结合自身的人才需求，在现代制造、生物医药、环保、新能源等领域引入国际知名的基础研究、应用开发、创新创业管理和技术服务等不同类型的人才。其次，加强对京津冀地区税收、事业单位管理、教育、医疗、社保等方面的政策衔接，为高层次人才提供"一站式"的服务。京津冀地区应积极探索建立一个集存储、联络、发布等功能于一体的人才数据库，以最大限度地挖掘人才。

要促进科技创新合作，就要加强科技基础设施的共享和协作。首先，京津冀地区要依托北京市的创新平台，加强津冀两地与北京市的科技基础设施的共享和协作，在人才工作站内为津冀两地的高校、科研机构和企业提供一个公共服务窗口。其次，通过组织在京专家现场交流、网上举办讲座等方式，向津冀两地推介相关科技服务，梳理津冀两地的企业需求；通过设立基础设施开放专项，提高京津冀地区科技创新资源共享的精准度，更好为产学研协同创新提供服务。第三，在京津冀地区设立科技创新合作专项基金，为京津冀地区的高校、科研机构和企业提供相应的资助。例如，可在天津市和河北省保定、廊坊、唐山、秦皇岛等城市建立一批国家级/省级工程技术研究中心、工程实验室、重点实验室、企业技术中心，为科技创新合作提供持续不断的资助和服务。

5.5　人才流动研究的未来展望

目前，国内外学者在人才资源和人力资本方面的研究已取得了丰硕的成果，但鲜有关于人才流动方面的文献，也没有系统、全景式的描述与研究。在全球经济一体化的进程中，区域经济一体化日益加强。人才是经济发展的最重要的资源，吸引更多的优秀人才参与经济发展和社会建设，可以提高区域的综合竞争力。哪些因素会影响人才的流动与集聚？这些要素会对人才的流动与集聚产生怎样的影响？怎样才能促进区域内的人才合作与优势互补？这些都是未来需要深入研究的课题。

人才的合理流动，反映了经济社会的发展与进步。探索我国人才流动规律和人才资源的合理配置，是一个长期、连续的过程。

对政府人才流动问题的研究还有待进一步深入。不论在国内，还是在国外，关于人才流动的研究都是以企业为中心的，很少有研究涉及政府人才流动。在政府人才流动这一领域的研究甚至可以说是一片空白。

第 *6* 章

京津冀人才资源的配置

6.1　京津冀三地政府的政策与支持

京津冀三地政府于 2011 年在河北省廊坊市召开了京津冀人才合作推进工程启动仪式，共同签署了《京津冀区域人才合作框架协议书》。该协议书提出了六大举措，共同推进京津冀人才一体化，并举行了京津冀三地人才工作站的揭牌仪式，以及京津冀地区用人单位与高层次人才的签约仪式。

《京津冀区域人才合作框架协议书》旨在推动京津冀人才合作的深入和扩展，提出：京津冀三地需要通过资源共享、政策协调、制度衔接和服务贯通，推进人才合作的进程；在京津冀地区逐步建立人才信息共享、人才结构互补、人才自由流动、人才培养合作共融的新格局；构建一套统一的人才体系框架、人才市场机制、人才服务体系，实现人才的自由流动和优化配置。该协议书的六大举措如下：

（1）贯通人才市场与人才服务。深化人事代理合作，积极推进人才资源的共享，实行职业资格互认，开展劳动人事争议仲裁协作，互设人才工作站。

（2）共享高层次人才资源。定期相互交流两院院士、享受政府特殊津贴专家等高层次人才信息,实现高层次人才信息资源的共享；在公务员录用、高层次人才招聘、职称评定等方面聘请相关专家参与；建立京津冀三地博士后管理部门之间的定期联系制度和高层次、高技能人才柔性流动机制；加强科技合作，共享引智项目专家资源，建立京津冀三地引智工作的信息互通和成果推介合作机制。

（3）加强人才培养合作。加强京津冀三地的人才培养项目合作，实现培训资源共享；引导企业和职业院校合作培养高技能人才；加强公务员的交流。

（4）共建人才创新创业载体。共同创办高水平科技研发中心，设立研究生实践基地。

（5）建立相互包容的社保制度。加快医疗保险制度的衔接，实现京津冀三地企业职工基本养老保险关系的转移接续，加强社保经办合作。

（6）实现人才政策互通共融。在制定人才政策时，要结合京津冀三地的发展实际，加强沟通协作；发挥政府引导作用，积极在京津冀三地开展多领域、多形式的合作；建立京津冀人才合作联席会议制度，为开展实质性的合作提供保证。

近年来，随着京津冀协同发展的加速，尤其是在京津冀协同发展被提升为国家战略后，京津冀地区的市场整合已初见成效。但京津冀地区目前还没有形成一个充满生机的统一市场。加快京津冀地区的市场化改革，是京津冀协同发展的重大举措。

6.2 京津冀三地政府的具体措施及其效果与影响

北京市将探索构建京津冀协同发展的体制，加强跨行政区划、跨领域的规划衔接，促进生态环境规划、标准、监测、执法等方面的协调。重点打通国家高速公路和跨行政区的国道/省道公路干线"瓶颈路"和"断头路"，加快京津冀城际铁路的建设，推进全国重点城市公共交通"一卡通"的联网。

河北省将加强顶层设计，制定推进京津冀协同发展的实施意见，明确了 64 个重点工作、40 个合作平台，签署了京冀两地的"6+1"

战略合作框架协议和津冀两地的"4+1"战略合作框架协议。

天津市将京津冀协同发展看成一个难得的历史机遇，将进一步加强与北京市的科技创新合作，加速建设未来科技城、滨海新区中关村科技园、京津中关科技城，打造京津国家科技创新中心。

自 2014 年起，京津冀地区在交通、生态环境建设和产业对接三个方面的合作，已经由框架协议逐渐进入具体实施的阶段。

在交通方面，位于北京市大兴区和河北省廊坊市境内的北京大兴国际机场正式开建；京昆高速涞水至北京段建成通车；河北省燕郊站至北京站的动车组临客列车开通；京津冀城际铁路投资公司揭牌成立。

在生态环境方面，随着京津冀地区生态环境信息的共享、生态过渡带的建设，生态环境保护与治理工作取得了显著的效果；京冀两地率先在全国范围内开展了碳排放权交易试点，河北省承德市和北京市开展了跨地区的碳排放权交易市场的建设。

在产业对接方面，北京凌云建材化工有限公司从北京市整体搬迁到了河北省邯郸市；河北省黄骅北汽汽车整车工程竣工并投入使用；建立了北京（曹妃甸）现代产业发展试验区；建立了冀·津（涉县·天铁）循环经济示范区的建立；动物园批发市场、大红门批发市场、天意小商品批发市场等，陆续从北京搬迁到了津冀两地。

京津冀区域经济一体化发展到今天，有些领域的合作仅仅依靠政府部门的协作是远远不够的，还需要京津冀三地人民代表大会的支持，从法律层面上解决问题。京津冀三地的多位人民代表就"三地协调立法工作"建议，京津冀三地在地方立法时要考虑其他省市的情况，在起草和制订年度计划时要征求其他省市的意见，要及时清理与京津冀协同发展不相适应的地方法律。京津冀三地都清楚，全国人民代表大会在制定有关法律法规时，不仅会重视地区之间权利义务的一致性和协调性，还会修订或废止与京津冀协同发展不适应的地方法律法规。京津冀地区合作立法，在推动经济发展走向法治轨道上具有重大意义，在推动依法治国、谱写区域发展新篇章方面具有重大意义。

在京津冀协同创新共同体示范区建设、京津冀综合试验区建设、高技术产业基地建设等方面，如何推动科技创新、人才集聚、产业升级、空间统筹，将地方科技创新优势转变为京津冀协同发展的重要力量，天津市已经给出了自己的答案。

天津市滨海新区中关村科技园是京津两地深化京津冀协同发展的重要举措。滨海新区中关村科技园是京津冀地区的重要产业转移中心，以科技创新、技术研发、技术转化为主要产业，积极承接北京市非首都功能的疏解，着力构建"类中关村"创新创业生态体系。

百度（滨海）创新中心、天津科技大学知行卓越创新实验室等一批创新平台已经落户滨海新区中关村科技园。滨海新区中关村科技园是一座创新型的"孵化园"。卡雷尔机器人技术有限公司在滨海新区中关村科技园内开发了一款面向图书馆、智慧城市、金融、教育等领域的智能服务机器人，目前已经应用于全国各地。滨海新区中关村科技园集中了大量的高技术企业，极大地推动了科研成果的转化和产业化。

滨海新区中关村科技园还积极推进政策交叉覆盖、探索产业协同、共享新模式、建立有利于协同创新的体制机制、优化人才创新创业环境等，打造推动高质量发展新引擎。滨海新区中关村科技园将继续深化创新驱动协同发展的内涵，集中优势产业资源与高层次人才，推动高技术企业的创新发展，以"中关村"品牌为核心，以京津冀协同发展为典范，共同开创京津冀协同创发展的新局面。

京津高村科技创新园区依托地理位置和交通优势，以京津冀地区的核心城市为核心，以高速数据交换为基础，加快天津市智慧产业的发展和园区数据中心的建设，为大数据产业的发展提供了强有力的支持。在完善基础设施和引进产业项目的同时，还积极构建了与大数据相关的产业，并在此基础上构建了一条完整的产业链。

当前，京津高村科技创新园区的大数据相关产业具有显著的集聚作用。在数据基础建设上，京津高村科技创新园区将为入驻的企业提供了大约 5 万个机柜资源；在产业运作上，引入了清华大学数据创新孵化基地、中关村人才培养基地、瀚海国际创新中心等，为大数据人才培养、产业交流、产业研究等提供了支持。

在数据应用上，京津高村科技创新园区已逐渐形成健康医疗大数据、轨道交通大数据、商务金融大数据、房地产指数大数据、文化娱乐大数据等领域的行业应用企业群。据了解，中国国家铁路集团有限公司的主要数据中心建成后，利用大数据进行了数据的安全管理。京津高村科技创新园区与浪潮集团合作建设的健康医疗大数据平台也已正式投入运行，打通了天津市医疗卫生信息的"孤岛"，有效地解决了政府、医院、群众"三个可用"的问题。中国电信集团有限公司京津冀大数据基地建设运营中心等大数据企业，也纷纷落户京津高村科技创新园区，为大数据产业的发展做出了贡献。

滨海新区中关村科技园和京津高村科技创新园区将集聚创新产业的优势，为高技术企业的创新发展提供了有力的支持，为京津冀协同发展开创一个全新的篇章。

关于京冀津协同发展成效，在京津冀协同发展 8 年成效新闻发布会上，北京市发展和改革委员会、北京市交通委员会、北京市经济和信息化局、北京市科学技术委员会、中关村科技园区管理委员会、北京市卫生健康委员会、北京市医疗保险事务管理中心、北京2022年冬季奥林匹克运动会委员会等单位的相关负责人参加并分别介绍了相关工作。

北京市科学技术委员会、中关村科技园区管理委员会协作处副处长王伟林介绍了京津冀科技创新合作情况。北京市科学技术委员会、中关村科技园区管理委员会于2015年启动京津冀科技协同创新工作，通过主动作为，强化顶层设计，健全京津冀科技协同创新工作机制，坚持培育创新载体，以构建园区链为支撑，推动政策链、产业链、创新链等深度融合配套，推动京津冀科技资源共建共享、成果转移转化和产业分工合理布局，完成了京津冀协同发展相关重点任务。

1）深化京津冀科技协同顶层设计，建立工作落实保障机制

京津冀地区围绕顶层设计，携手三地的科技主管部门，形成了"1+3"的工作机制，共同编制了京津冀科技协同创新年度工作要点，共同签署了《关于共同推进京津冀协同创新共同体建设合作协议（2018—2020年）》等一系列框架协议。

自2015年开始，京津冀地区设立了京津冀协同创新推动专项、京津冀基础研究合作专项，以及对接国家2030京津冀环境综合治理重大工程专项。

2）深化协同创新平台的共建，推动创新资源的共享和联合研发

（1）设立了基础研究合作平台，在京津冀一体化交通、智能制

造、精准医学等领域资助了 68 项基础研究项目,连续举办了 7 届"京津冀青年科学家论坛"。

（2）设立了联合实验室,支持由北京航空航天大学与河北省长城汽车股份有限公司联合建立首个联合实验室;设立了科技创新券,在京津冀地区遴选出了首批 700 多家提供开放共享服务的科技服务机构作为接收异地创新券的合作"实验室。

（3）设立了大气、环境综合治理联合研发平台,建立了京津冀地区高分辨率固定源和面源排放清单,为大气污染治理提供了有力保障。

3）深化科研成果跨区域转移转化机制,促进应用场景建设

依托应用场景提升科研成果示范辐射效应,充分发挥北京市在第五代移动通信技术（5G）、人工智能（AI）、工业互联网、边缘计算等领域的优势,为北京市的企业,特别是中小型企业的技术创新应用开放"高含金量"的场景条件,促进科研成果转化。

利用科技金融资源促进科研成果的转化和产业化,在国家科研成果转化引导基金下设立了国投京津冀科研成果转化创业投资基金,目前已累计投资 10 亿元,共投资 23 个项目,所投的项目均稳步推进实施。

建立了京津冀地区技术交易数据信息共享和工作联动机制,定期交换技术交易监测数据,推动技术合同额的稳步增长。

4）深化区域分工与布局,推动创新链、产业链、供应链的协同发展

围绕装备制造产业,聚焦化工、钢铁、模具等传统产业转型升

级；围绕医药健康产业，推动北京市先进适用技术产品在津冀两地的示范应用；围绕现代农业产业，强化京冀两地农业科技协同创新。

支持北京市的科技资源优势与河北省张家口市赤城县的农业资源紧密结合，初步形成"示范园＋科技特派工作站＋产业示范基地"产业模式，深化现代农业和产业科技合作，助力精准脱贫。

5）深化重点园区建设，推进津冀合作园区取得新的进展

编制完成《雄安新区中关村科技园发展规划》；滨海新区中关村科技园围绕智能科技、新能源、新材料、科技服务业，打造"3+1"产业体系；京津中关村科技城建成首个人才社区，天津南开中学科技城分校签约落地，中关村协同发展中心产业综合体启动试运营；保定·中关村创新中心培育了一批高精尖企业，引领带动了当地产业转型升级，多家机构的累计入驻面积达 10 万平方米。

2021 年，北京市流向津冀两地的技术合同共 5434 项，成交额达 350.4 亿元；中关村科技园区的企业在津冀两地设立了 9032 家分支机构，京津冀三地在基础研究合作专项累计投入约 5000 万元，资助项目 100 余项，部分项目成果已实现了应用。

6.3 京津冀地区人才资源配置存在的问题及分析

从京津冀地区的人才总量、素质结构、分布特点，以及人才流动的特点来看，京津冀地区的人才发展水平与经济发展的要求有较大的差距，主要有以下问题：

1）人才储备较多、但高层次人才数量较少

京津冀地区的人才储备相对较多，但高层次人才数量较少，特别是新兴专业的技术人员，严重制约了京津冀地区的经济发展。

我国高层次人才的紧缺已不能适应经济发展的需求，成为制约我国经济持续发展的重要因素之一。在制造业较发达的地区，高层次人才紧缺的问题尤为突出。例如，北京市有 147000 个技师缺口。另外，我国高技能人才的"老龄化"问题日益突出，北京市 45 岁以上的高技术人员占到了近半数。

随着京津冀地区的经济迅速发展，对高层次人才的需求逐渐增加，而高层次人才的供应则相对不足。解决京津冀地区高层次人才短缺问题的途径主要有两条：一是立足京津冀地区，着力提升人才质量；二是吸纳外地优秀人才。立足京津冀地区的未来发展全局，以提升京津冀地区内的人才质量为第一要务，同时吸纳外地优秀人才，两者相辅相成，既能增加长远利益，又能保证短期收益。

2）人才资源配置不合理且人才的使用效率较低

随着国家新一轮产业发展战略的实施，京津冀地区的产业布局也出现了较大的调整。根据我国的十大产业振兴规划，天津市将依靠现有的基础和优势，重点发展航空航天、信息技术、生物医药、新能源、新材料、节能环保、高端装备制造等产业。天津市的高技能人才主要集中在以教育为主的第三产业，而在信息技术和能源工业等方面，出现了严重的人才短缺。

人才资源配置的不合理，严重地制约了经济的协同发展。京津冀地区的人才资源配置不合理且人才的使用效率较低，这个问题需

要从企业的视角来进行深入的研究。

3）企业面临着人才发展问题

从京津冀三地的定位来看，北京对人才的需求主要集中在金融、科技、研发、经济等领域；天津市对人才的需求主要集中在科技、经济等领域；河北省的主要产业是第二产业，主要是京津两地的产业转移和产业链的延伸，河北省对人才的需求主要集中在科技和企业管理等领域。

从京津冀三地企业现有的人才资源来看，三地的企业在发展过程中，最大的问题在于如何提高企业管理者的能力。而解决这一问题的办法主要有两个：一是引入外来人才，二是提高现有人才的能力。

从京津冀地区的人才资源配置来看，当前的企业和人才在进行相互选择时普遍存在"取高"现象，导致大量的人才无用武之地。如何将人才的个人能力转化为企业的资源，最大程度地发挥人才的作用，是人才资源配置面临的问题之一。要解决这个问题，就必须建立健全人才选拔与培养机制，并借助企业自身的文化建设，使人才快速成为企业的一员。

京津冀地区的很多企业在人才的"选、用、育、留"方面并没有完整的体系，人力资本在企业经营成本中占据的比重很大，因此提高人力资本的效率，可以有效地控制和减少企业的经营成本。

4）人才流动相对较少、人才市场机制有待完善

当前，京津冀地区的人才流动相对较少。造成这种情况的主要原因是人才流动受到了很多制度的阻碍，如档案、社保、户籍等制度。

随着京津冀区域经济一体化的不断深入，跨地区的融合趋势

在逐渐增强，京津冀地区正在强化经济区划、淡化行政区划。京津冀三地的人社部门于 2005 年正式签署了《京津冀人才开发一体化合作协议书》，这说明京津冀地区正努力构建区域人才市场，逐步形成人才服务体系。

我国已初步形成了具有一定规模的人才市场，但还没有建立起合理的人才流动机制。市场机制在人才资源配置中的作用局限于非公有制企业以及中、低层次人才。此外，我国的人才市场还存在着一些问题，如执法水平低、监管能力差、宏观调控能力差，严重制约了人才市场的整合。

6.4　京津冀地区人才资源配置的趋势及建设性意见

目前，京津冀地区人才资源配置的现状是：北京市的人才高度集中，天津市次之，河北省的人才密度最低；人才流动的趋势是津冀两地的人才向北京市集聚。

6.4.1　京津冀地区人才资源配置的趋势

随着京津冀地区交通条件、基础设施、居住环境和自然环境的进一步改善，京津冀地区的人才资源配置呈现如下趋势。

人才流动形成了以北京市为中心的辐射状趋势。从交通时间来看，距离北京市较近地区的人才密集程度较高，距离较远的则人才密集程度较低。在京津冀地区，天津市将是继北京市之后的第二个人才集聚中心。京津高速铁路的建成将京津两地的交通时间缩短到半个小时。近几年，国家对天津市的重型工业和污染企业进行了严格的限制，努力把天津市建设成高技术和高端服务业中心，天津市也将推出一系列的优惠政策，以吸引更多的高技术企业和人才。

信息化在人才资源配置中发挥更大的作用和价值。国内几个比较大的招聘网站，如前程无忧、一览英才网、智联招聘、中华英才网等，在人才资源配置中做出较大的贡献，加速了人才资源配置的优化。

政府在人才资源配置中扮演着更为合理的角色。在政府的指导和监管下，充分发挥了市场机制在人才资源配置中的作用，推动了京津冀地区产业和人才的协同发展，促进了人才资源的合理配置。

6.4.2 对京津冀人才资源配置的建设性意见

1）加强人才流动的调控

从宏观上来看，京津冀三地要提高各自的经济社会发展水平，为人才的引进创造有利的政策和平台。一方面，要加强科技创新，提高科技创新能力，促进科研成果转化；另一方面，要制定相关政策，以吸引外来人才。同时，还要在《京津冀人才开发一体化合作协议书》的基础上，加快京津冀地区的人才流动，进一步完善市场机制在人才资源配置中的作用，促进人才资源的有效利用。北京市于 2010 年出台《首都中长期人才发展规划纲要（2010—2020 年）》，提出了北京市高层次人才的落户政策。天津市于 2010 年出台了《天津市引进人才服务办法》，提出要建立"绿色通道"，为人才引进提供优质服务。

2）完善企业的人才资源体系

完善京津冀地区企业的人才资源体系，要注重企业战略、企业文化和人才资源的整合。从天津市的企业情况来看，大多数企业的人才资源体系并不健全。首先，在招聘人才时缺乏前瞻性，无法为企业提供长期战略发展所需要的人才，这就要求企业从战略高度来制订人才开发计划，明确每个岗位的责任与质量要求。其次，要有系统化、可持续发展的企业内部培训制度。在举办企业内部培训时，要充分了解企业的需要，并考虑企业的长远发展规划。第三，要健全绩效考评与薪酬制度。绩效考评要分层次、分岗位进行，不仅要重视绩效，还要注重对过程的掌控；薪酬要体现出人才的能力。

企业要从战略高度来考虑的人才资源体系，包括人才资源的总量和未来的变化，这样才能更好地适应企业的发展。另外，从工作与经营的角度来看，在招聘、培训、薪酬、绩效、劳动关系等方面构建完善的制度，可以为人才的发展提供了一条有效的途径。无论从战略层次，还是从实际工作的角度来看，都应该把人才资源体系与企业的文化建设结合起来，形成一种有凝聚力的企业文化，为企业留住优秀的人才。

3）加强人才交流服务合作

首先，要加强人才信息的交流，实现京津冀三地人才网站的互联互通，及时发布人才服务和人才政策等信息，在京津冀地区建立人才信息服务平台。其次，要促进京津冀三地人社部门的协作，各地的人才市场可以提供人事代理服务，逐步形成统一的人才市场。第三，要充分发挥京津冀地区的人才、智力、项目等资源的优势，开展区域性人才、项目、技术洽谈活动。

4）推进高层次人才的共享

首先，以项目合作为主要手段，鼓励高层次人才参与重大工程的论证、技术攻关、推广和应用。其次，采用灵活的办法，鼓励高层次人才从事咨询、讲学、兼职、科研与技术合作、技术入股或投资兴办高技术企业等。第三，积极组织高层次人才参加相关的专家机构，充分发挥高层次人才在知识创新、成果转化、产业培育和政策咨询等方面的作用。

5）积极开展紧缺人才的培训合作

京津冀地区应制订和实施紧缺人才的培养计划，及时掌握和交流培训需求，坚持资源优势互补、利益共享的市场化运作原则，以需求为导向、以项目为纽带，开展紧缺人才的社会化培训合作。例如，可以与本地高校、培训机构签署培训合作的协议，将相关的教师资源整合起来，实现教师资源的共享。

6）优化人才流动机制

虽然京津冀地区的人才总量比其他地区多，但京津冀地区的人才资源配置不平衡、高层次人才缺乏、岗位重复、人才资源浪费、人才使用效率低。京津冀协同发展需要实现京津冀人才一体化，这就需要站在京津冀协同发展的全局视角，统筹京津冀地区的人才资源配置，推动人才流动，组合人才优势并形成优势团队。尽管京津冀三地在人才合作方面签订了多个协议，并开展了一系列的工作，但由于行政壁垒、制度阻碍和合作水平不高等因素，成效并不明显。

建议成立京津冀地区科技创新领导协调小组，负责协调京津冀三地的科技创新工作，为京津冀地区提供技术服务。由领导协调小组牵头，与中央相关部委、京津冀地区的相关部门建立人才合作机制，研究京津冀地区人才流动、集聚和培养机制。

通过制定相关政策，鼓励高层次人才，特别是具有创新精神的人才流向北京，使北京市成为科技创新中心。

通过发展交通、政府补贴、股权配股、改善居住环境等措施，鼓励人才集聚到特色产业区、示范园区，推动产业创新。

通过制定相关政策，扶持人才市场的发展，促进人才流动。

通过顶层设计，进一步破除人才流动与合作的壁垒，最大程度地整合京津冀地区的人才，发挥人才资源的优势，形成协同创新的合力。

7）加快科技创新要素的合理流动

北京市是京津冀地区中最具科技创新能力的城市。充分发挥北京市的科技创新能力，是京津冀协同发展的关键。通过以下三条途径，可充分发挥北京市的科技创新能力。

（1）北京市的高校和科研机构积极开展重点技术研究，以适应京津冀地区产业转型升级的需要。京津冀三地的科技主管部门可以联合成立技术推广平台，由行业协会确定技术攻关项目，由北京市的高校和科研机构负责技术攻关，由技术推广平台对技术的成熟度、创新性、先进性等进行规范化评估。利用技术推广平台，在人工智能、工业互联网、制造业供应链协同等方面形成集中的技术输出。

（2）为京津冀地区的高校和科研机构提供科技创新合作平台，建立研发中心、科技创新基地、实验室、技术服务中心、博士后工作站等；鼓励津冀两地具有实力的企业和北京市的高校、科研机构联合进行科研成果转化。

（3）扶持中关村科技园区在津冀两地建设具有特色的产业创新中心、孵化器等创新平台，促进京津冀地区科技创新交流与合作，促进创新资源、产业资源的有效对接。

8）完善平台体系建设

（1）加强对科技服务企业的培育。科技服务企业是促进科研成果转化的一个重要途径，加强对科技服务企业的培育，有利于提高我国的科技服务水平，有利于建立促进"产学研用"相结合的科技创新体系。

（2）在京津冀地区建立技术转让制度。建立新型的知识产权保护体系；推动知识产权评估制度的建立，使知识产权的价值得到合理的估价；通过立法保障技术转让，建立保障、激励、规范、惩戒等制度，为技术转让创造良好的法制环境。

（3）探讨新型的融资方式。以开发区、工业园区为基础，集中部分中小型企业的知识产权进行批量化融资，以减少融资成本与风险；根据市场需要，成立专门的知识产权项目，为企业的创新创业提供担保服务。

（4）建立有利于科技创新的营商环境。通过线上平台，汇集政策、科技创新资源供需等信息，促进科技创新要素的有效对接；建立以科研成果评估、设备共享、金融咨询、政策科普等为核心的"一站式"科研成果转化平台；加强与科技创新企业的交流，维护企业合法权益，规范科技创新行为。

（5）健全科技服务产业链。注重发挥制度生态的引导作用，吸引相关行业的企业，进一步健全科技服务业产业链，实现产业集聚；建立监督、反馈、协调制度，促进京津冀地区的优秀科技服务企业向产业链和创新链的深度发展；围绕新能源、环保等领域，健全支撑系统，提高科研成果的转化效率。

9）营造公正透明的人才选用环境

（1）构建开放包容的人才培养体系，充分尊重人才的成长规律和科学研究的规律，减少不必要的行政干预。

一是要树立全方位发展的人才观念。人才队伍建设要坚持全方位发展的思想，既要解决好质量和效益、结构和规模之间的关系，又要兼顾全局和局部的关系；既要重视个人的成长和发展，更要重视整体素质的提高，为各类、各层次专业技术人员提供广阔的发展平台。

二是要树立和谐发展的人才观念。要将人才队伍建设看成一项系统工程，必须重视各方面的综合与协调。要协调好人才建设与人才培养、科研、服务社会、文化传承、理论创新等方面的关系，自觉克服条块分割、各自为政、相互扯皮的问题，努力形成"党委统管、机关合力、上下联动"的机制和"规划科学、责任明确、组织严密、协同发展"的良好局面。

三是要树立人才的可持续发展观念。人才开发是持续的、影响全局的，所以要坚持公平、持续性、共同性的原则，做好长期的规划；加强实践意识、发展意识和创新意识，提高人才队伍的可持续发展能力。

（2）做好开放工程和人才引进计划。要围绕发展、服务发展，开拓科技创新合作的模式，加强交流合作，唱好项目引进的"六部曲"：

一是要做到"看得远"，将引进的技术和人才优势转变成京津冀地区的新优势。

二是要做到"选得准"，把重点放在国内外领先的、有发展空间的新兴行业。

三是要做到"追得紧"，对于优秀人才、优势项目，要一往无前、穷追猛打。

四是要做到"娶得快"，争取早日把科研项目落实到位。

五是要做到"爱得深"，要把引进的科研项目看得更高、爱得更多。

六是要做到"生得早"，即早就业、早提高 GDP、早产生财政收入。

（3）建立公平、透明的用人制度。坚持以人为本，按照客观规律，努力创造一个公平、公正的社会发展环境。

一是要坚持考核的科学性。从德能勤绩廉五个层面，对考评标准进行细化，以达到可操作性和可比性。要坚持干部考核和群众考核的相结合、任职机关考核和平时工作成绩考核的相结合，既看整体素质又看个性特长、既看知识理论水平又看实际工作能力、既看当前工作情况又看未来潜力。

二是要做到公平的选择。做到岗位公开、标准条件公开，杜绝因个人喜好而论长短、以个人形象论调子、以人际关系用人。

三是要坚持对人才的正确使用。每个人都有自己的特点和特长，要按照每个人的专业和工作需要选拔人才，使他们充分发挥自己的才能。

10）提高人才的质量

如何培养高质量的人才，是一个迫切需要解决的问题。要做到这一点，就必须把提高人才质量放到战略地位；就必须根据人才的特征，采取行之有效的措施，改革和健全人才培养制度，抓好人才选拔和使用等关键环节。

（1）引入竞争机制，严格把关。引进人才要从源头入手，严把选拔的"五关"。

一是"政审关"，将思想政治素质放在第一位，这是最根本的考核标准。

二是"面试关"，在气质形象、语言表达、思维逻辑等方面进行考察。

三是"测试关"，由用人单位、职能部门和专家组成考察团，全面考察人才的心理、品德、身体、专业、技能等方面的能力。

四是"应用关"，主要考察人才的分析、判断和应变能力。

五是"体检关"，全面进行身心健康的检查。

（2）坚持试用制度。通过分任务、明责任、压责任等方式，详细了解每个人才的优点、特长、缺点和不足。对于专业基础好、业务能力强、业绩突出的人才，可以适当减少试用时间；对于专业基础差、业务能力弱、业绩不佳甚至不能胜任工作的人员，可以适当延长试用期或者直接将其淘汰，以达到建设高素质人才队伍的目的。

（3）完善工作机制。选对人才、用好人才，是发挥人才效用的关键。怎样正确使用、管理和爱护人才，是各级党委和政府面临的一个重要问题。在这方面，我们要切实做到公平择优、选贤任能。

一是要形成工作导向机制。培养和提升人才的能力，必须在关键任务中使用人才，增强人才在科学研究、思维发散、开拓创新、团队合作方面的能力，以积累工作经验，从而全面提高人才的质量。

二是要建立一个有规律的报告制度。对优秀人才进行经常性的评比，能使他们冷静下来、反省自己，找到自己的缺点，使自己在实践中走得更远，永远走在科学、正确的道路上。

（4）要建立激励机制、做好人才挖掘工作。要营造争先创优、建功立业的良好风气，要善于用典型来推动人才队伍的建设。各级党组织要在年终总结、考核讲评、业务竞赛等方面，用务实的精神发现和培养典型，真正推荐那些努力工作、乐于奉献、吃苦在前、享受在后、业绩突出的优秀人才，激发和提升他们的积极性、主动性和创造性。要注重营造团结和谐、公平公正的环境，激励人才进步，发挥整体优势。要强化引导和培养，不断增强人才的凝聚力和上进心，营造一种良好的政治生态，是培养优秀人才的有效途径。

参考文献

[1] 国家统计局社会科技和文化产业统计司，科学技术部战略规划司. 中国科技统计年鉴 2020[M]. 北京：中国统计出版社，2020.

[2] 北京市京津冀协同办. 北京市推进京津冀协同发展 2022 年工作要点［R］. 2022.

[3] 关成华. 中国城市科技创新发展报告 2021[M]. 北京：科学技术文献出版社社，2022.

[4] 关成华. 中国城市科技创新发展报告 2020[M]. 北京：科学技术文献出版社社，2020.

[5] 京津冀三地人才工作领导小组. 京津冀人才一体化发展规划（2017—2030 年）. 2017.

[6] 赖志花，王必锋. 京津冀高新技术产业集群协同创新模式与路径研究[J]. 统计与管理，2020(3):62-65.

[7] Behrens K. International Integration and Regional Inequalities: How Important is National Infrastructure?[R]. MANCHESTER SCHOOL, 2011, 79(5):952-971.

[8] Farhad T H, et al.. Regional Economic Integration in Asia: Challenges and Recommended Policies[J]. Journal of Economic

Integration, 2020, 35(1):1-9.

[9] Francois J, Manchin M, Pelkmans-Balaoing A O. Regional Integration in Asia: The Role of Infrastructure[M]// Rancois J, Rana P B, Wignaraja G. In Pan-Asian Integration: Linking East and South Asia. Berlin : Springer, 2009.

[10] Galdeano-Gomez E. Exporting and Environmental Performance: A Firm-level Productivity Analysis[J].World Economy, 2010, 33(1):60-88.

[11] Gudissa L. The Role of Customs Tariff: A Historical, Theoretical and Empirical Review[J]. Journal of Economics and Sustainable Development, 2014, 5(11):94-102.

[12] Ishise H, Matsuo M. US-Canada Border Effect Between 1993 and 2007: Smaller, Less Asymmetrical, and Declining[J]. Review of World Economics, 2015, 151:291-308.

[13] Yue M L, Li R N, Ou G Y, et al.. An exploration on the flow of leading research talents in China: from the perspective of distinguished young scholars[J]. Scientometrics, 2020, 125(2):1-16.

[14] Shepherd B, Wilson J S. Trade, Infrastructure, and Roadways in Europe and Central Asia: New Empirical Evidence[J]. Journal of Economic Integration, 2007, 22(4):723-747。

[15] Xu X P. Have the Chinese provinces become integrated under reform?[J]. China Economic Review, 2002(2):116-133.

[16] Li Y M, Sun L Y, Li Z Y. Characteristics of Energy Consumption in the Process of Regional Economic Integration Development: Beijing-Tianjin-Hebei Economic Belt versus Tokyo-to

Metropolitan Area[J]. IOP Conference Series: Materials Science and Engineering, 2018, 392(6).

[17] Yu C M, Pew T H, Fai F K. Brain Drain, Talent Mobility And Academic Networking[J]. Journal of Management and Research, 2019, 1(1):1-10.

[18] 余怡,张继成.区域经济一体化核心理论对泛珠三角区域省区发展的启示[J].贵州民族研究,2022,43(2):151-156.

[19] 刘迎红,李欣.京津冀协同发展与区域经济一体化分析[J].中国经贸导刊,2022(3):83-84.

[20] 陈婉玲,陈亦雨.我国区域经济一体化的命题逻辑与法治进路——以长三角一体化为视角[J].法治现代化研究,2021,5(4):39-50.

[21] 覃成林,郑洪涛,高见.中原城市群经济市场化与一体化研究[J].江西社会科学,2005(12):36-42.

[22] 王瑛.区域经济一体化发展的驱动机制分析[J].区域经济,2005(11):144-145.

[23] 李建勇.中国省级政区行政冲突机理分析及其应对机制研究[D].上海:华东师范大学,2006.

[24] 周国华,唐承丽,朱翔.长株潭城镇体系的形成机制研究[J].人文地理,2002,17(3):16-20.

[25] 孙大斌.由产业发展趋势探讨我国区域经济一体化动力机制国际经贸探索[J].国际经贸探索,2003(6):71-74.

[26] 段志强,王雅林.区域一体化的瓶颈在于行政管理体制[J].中国行政管理,2006(7):83-86.

[27] 张伟.都市圈的概念、特征及其规划探讨[J]城市规划,

2003(6):47-50.

[28] 高汝熹，罗守贵．论都市圈的整体性、成长动力及中国都市圈的发展态势[J]．现代城市研究．2006(8):5-12.

[29] 李璐，季建华．都市圈空间界定方法研究[J]．统计与决策，2007(2):109-111.

[30] 董晓峰，史育龙．都市圈理论发展研究[J]．地球科学进展，2005, 20(10):1067-1074.

[31] 刘统霞，李亚囡．北京全国文化中心建设及国际比较分析[M]//王关义．文化产业蓝皮书：北京文化产业发展报告（2021）．北京：社会科学文献出版社，2022.

[32] 金牛，原新．2020年京津冀协同发展中的天津定位及人口发展应对策略[M]//胡玉萍，尹德挺，吴军．北京人口蓝皮书：北京人口发展研究报告（2020）．北京：社会科学文献出版社，2020.

[33] 肖庆顺．面向2035的天津基础教育发展定位与趋势[M]//方中雄，桑锦龙，郭秀晶，等．京津冀教育发展报告（2019—2020）．北京：社会科学文献出版社，2021.

[34] 周爱军.2019—2020年新发展阶段实施人才强冀战略的新挑战与新思路——2020年河北人才发展报告[M]//康振海，王建强，王艳霞．河北人才发展报告（2021）．北京．社会科学文献出版社，2021.

[35] 北京市人力资源研究中心课题组．激发各类人才创新活力，加快建设高水平人才高地[M]//张洪温．北京人才发展报告（2021）．北京：社会科学文献出版社，2021.

[36] 杨开忠，孙瑜康．京津冀区域创新系统研究[M]//祝合良，叶堂林.京津冀发展报告（2019）．北京：社会科学文献出版社，2019.

[37] 叶堂林，刘莹．中国四个主要城市群产业链与创新链融合发展的对比研究[M]//叶堂林，李国梁．京津冀发展报告（2021）．北京：社会科学文献出版社，2021．

[38] 吕静韦．新发展格局下京津冀世界级城市群高质量发展研究[M]//陆小成，穆松林．北京城市发展报告（2020—2021）．北京：社会科学文献出版社，2021．

[39] 王海峰，江光华，贾佳，等．北京文化科技融合发展评价报告（2020）[M]//方力，伊彤，刘兵，等．北京文化科技融合发展报告（2019—2020）．北京：社会科学文献出版社，2020．

[40] 叶堂林，张雨琪．2010—2019年京津冀创新中介发展情况分析及优化路径探究[M]//叶堂林，李国梁．京津冀发展报告（2021）．北京：社会科学文献出版社，2021．

[41] 江光华，纪玉伟．2018—2019年北京文化科技融合发展大事记[M]//方力，伊彤，刘兵，等．北京文化科技融合发展报告（2019—2020）．北京：社会科学文献出版社，2020．

[42] 盛继洪．北京市促进民营经济发展研究[M]．北京：社会科学文献出版社，2020．

[43] 王智勇．京津冀协同发展战略与北京核心区人口演变[M]//马小红，尹德挺，洪小良．北京人口蓝皮书：北京人口发展研究报告（2019）．北京：社会科学文献出版社，2019．

[44] 吕静韦．首都高质量发展背景卜京津冀产业结构优化升级对策研究[M]//唐鑫．世界级城市群与首都高质量发展．北京：社会科学文献出版社，2020．

[45] 韩利红，周桂华，关景火．河北省科技创新支撑经济发展状况分析及对策建议[M]//康振海，王建强，王艳霞，等．河北人才

发展报告（2020）．北京：社会科学文献出版社，2020．

[46] 方方，何仁伟．2016—2020 年北京建设全国科技创新中心实现路径[M]//唐鑫．世界级城市群与首都治理体系．北京：社会科学文献出版社，2020．

[47] 方方．北京区域发展格局的空间差异及其调控对策研究[M]//杨松，唐勇，邓丽姝．北京经济发展报告（2021—2022）．北京：社会科学文献出版社，2022．

[48] 王鸿春，刘泽军，郝中实，等．2021 年新时代健康北京建设实施对策研究报告[M]//王鸿春，盛继洪，曹义恒．北京健康城市建设研究报告（2021）．北京：社会科学文献出版社，2021．

[49] 方方．2015—2020 年京冀产业扶贫协作研究：路径、机制与展望[M]//杨松，唐勇，邓丽姝．北京经济发展报告（2020—2021）．北京：社会科学文献出版社，2021．

[50] 饶立昌，邢明强，梁高杨．2010—2019 年产业转型背景下河北省技能人才需求预测及培养路径研究[M]//康振海，王建强，王艳霞．河北人才发展报告（2021）．北京：社会科学文献出版社，2021．

[51] 刘宪杰，张静华．2013—2019 年推动京津冀产业协同发展的对策建议[M]//杨松，唐勇，邓丽姝．北京经济发展报告（2020—2021）．北京：社会科学文献出版社，2021．

[52] 吴海娜．2016—2020 年推进北京市人工智能产业高质量发展的对策建议[M]//杨松，唐勇，邓丽姝．北京经济发展报告（2020—2021）．北京：社会科学文献出版社，2021．

[53] 王建强，王宇杨．2020 年河北省人力资源服务产业园引聚人才调查分析研究[M]//康振海，王建强，王艳霞．河北人才发展报告（2021）．北京：社会科学文献出版社，2021．

[54] 肖庆顺.面向 2035 的天津基础教育发展定位与趋势[M]//方中雄,桑锦龙,郭秀晶,等.京津冀教育发展报告(2019—2020).北京:社会科学文献出版社,2021.

[55] 王得新,孙媛.2014—2019 年天津推动区域产业链与创新链融合发展的进展与趋势研究[M]//叶堂林,李国梁.京津冀发展报告(2021).北京:社会科学文献出版社,2021.

[56] 王得新,孙媛.天津推进京津冀全面创新改革的进展与趋势研究[M]//祝合良,叶堂林.京津冀发展报告(2019).北京:社会科学文献出版社,2019.

[57] 叶堂林,祝尔娟.京津冀协同发展战略——推进交通一体化[M]//叶堂林,祝尔娟.京津冀协同发展的战略重点研究.北京:社会科学文献出版社,2021.

[58] 北京交通大学北京综合交通发展研究院.2019 年京津冀交通一体化发展与未来战略[M]//北京交通大学北京综合交通发展研究院.北京交通发展报告(2020):京津冀协同发展背景下的北京交通.北京:社会科学文献出版社,2021.

[59] 北京市科学技术研究院高质量发展研究课题组.北京环境高质量发展报告(2021)[M]//方力,贾品荣,胡曾曾.北京高质量发展报告(2021).北京:社会科学文献出版社,2021.

[60] 李柏峰.2009—2035 年北京经济技术开发区高精尖产业发展路径与政策建议[M]//杨松,唐勇,邓丽姝.北京经济发展报告(2020—2021).北京:社会科学文献出版社,2021.

[61] 刘宪杰,张静华.2013—2019 年推动京津冀产业协同发展的对策建议[M]//杨松,唐勇,邓丽姝.北京经济发展报告(2020—2021).北京:社会科学文献出版社,2021.

[62] 尹德挺，薛伟玲，张越，等.北京人口形势分析报告（2021）[M]//尹德挺，胡玉萍，吴军，等.北京人口发展研究报告（2021）.北京：社会科学文献出版社，2021.

[63] 吴军，胡玉萍，尹德挺，等.北京人口发展研究报告（2021）[M]//方力，伊彤，刘兵，等.北京文化科技融合发展报告（2019—2020）.北京：社会科学文献出版社，2020.

[64] 叶堂林，祝尔娟.京津冀协同发展战略——优化公共服务布局[M]//叶堂林，祝尔娟.京津冀协同发展的战略重点研究.北京：社会科学文献出版社，2021.

[65] 彭际作.大都市圈人口空间格局与区域经济发展——以长江三角洲大都市圈为例[D].上海：华东师范大学，2006.

[66] 王晓芳，谢贤君.经济增长与产业集聚双重视角下区域一体化的就业效应研究——基于长江经济带的实证研究[J].经济问题深索，2018(6):84-90.

[67] 吴俊，杨青.长三角扩广容与经济一体化边界效应研究[J].当代财经，2015(7):86-97.

[68] 宋涛，郑挺国.区域经济周期协同性及其与国家经济周期的关系研究[J].财贸经济，2014(3):112-123.

[69] 王德忠，吴琳，吴晓曦.区域经济一体化理论的缘起、发展与缺陷[J].商业研究，2009(2):18-21.

[70] 牛少凤，于新东，贾凡梅.长三角区域经济一体化测度与经济发展效应分析[J].科技和产业，2022,22(5):204-207.

[71] 徐光伟，耿晋.中国制度情境下区域经济一体化的研究热点、前沿与展望——基于知识图谱的可视化分析[J].区域与全球发展，2022,6(2):23-45.

[72] 徐坡岭，李宝琴．基础设施对中亚区域经济一体化的影响——基于空间面板杜宾模型的研究[J]．工业技术经济，2022, 41(4): 131-142.

[73] 世界银行."一带一路"经济学：交通走廊的机遇与风险[R]．2019.

[74] 刘生龙，胡鞍钢．交通基础设施与中国区域经济一体化[J]．经济研究，2011(3):72-82.

[75] 刘育红，王曦."新丝绸之路"经济带交通基础设施与区域经济一体化——基于引力模型的实证研究[J]．西安交通大学学报（社科版），2014(2):43-48.

[76] 梁双陆，张梅．基础设施互联互通对我国与周边国家贸易边界效应的影响[J]．亚太经济，2016(1):101-106.

[77] 何敏．设施联通与区域一体化——基于我国与"一带一路"国家的实证分析[J]．中国流通经济，2020(7):34-42.

[78] 刘月．人力资源合理流动的经济分析与政策建议研究[J]．商讯，2021(10):189-190.

[79] 刘丹．全面提升人力资源流动配置效能[J]．中国外资，2020(20):135-136.

[80] 李学明．新发展格局下我国人才流动的发展趋势[J]．中国人事科学．2021(9):67-73.

[81] 李学明．新时代我国人力资源状况与趋势分析[J]．中国人事科学，2019(10):49-50.

[82] 王全纲，赵永乐．全球高端人才流动和集聚的影响因素研究[J]．科学管理研究，2017(1):91-94.

[83] 郑巧英，王辉耀，李正风．全球科技人才流动形式、发展

动态及对我国的启示[J]．科技进步与对策，2014(13):150-154．

[84] 刘兵，曹文蕊，梁林．京津冀人才配置关键影响因素识别及模式研究[J]．科技进步与对策，2017(19):41-46．

[85] 孙蕊，温孝卿．京津冀一体化背景下产业转移和人才聚集系统动态演进机制[J]．社会科学家，2015(8):64-68．

[86] 汪志红，湛新民，周建波．企业视角下人才流动动因研究：来自珠三角854家企业数据[J]．科技进步与对策，2016(5):149-155．

[87] 周扬．论人才集聚[J]．中外企业家，2011(20):127-128．

[88] 张美丽，李柏洲．中国人才集聚时空格局及影响因素研究[J]．科技进步与对策，2018(22):38-44．

[89] 龙梦晴，邹慧娟．基于"态""势"协同发展的人才流动机理及路径探究[J]．人才资源开发，2021(21):16-17．

[90] 王守霞，王业军．科技人才流动研究综述[J]．湖北农机化，2020(8):47．

[91] 姜道奎，刘晓明，朱鸿昌．开放式创新人才流动影响因素分析[J]技术与创新管理，2016, 37(4):406-410．

[92] 牛冲槐，崔静，高凤莲．人才流动与人才聚集效应的作用机理研究[J]．山西农业大学学报（社会科学版），2010, 9(1):72-75．

[93] 迟萍萍．我国科技人才流动特点及作用简析[J]．科技经济市场，2020(3):105-107．

[94] 张晓玲．浅析人才流动现状及应对方法[J]．中国高新技术企业，2013(23):146-147．

[95] 李峰，徐付娟，郭江江．京津冀、长三角、粤港澳科技人才流动模式研究——基于国家科技奖励获得者的实证分析[J]．科学学研究，2022, 40(3):454-463．

[96] 徐倪妮，郭俊华.科技人才流动的宏观影响因素研究[J].科学学研究，2019, 37(3):414-421.

[97] 周德胜，陆相林.京津冀人才一体化发展政策协同路径研究[J].中共石家庄市委党校学报，2021, 23(9):27-31.

[98] 王建江.协同发展背景下京津冀人才一体化现状及提升[J].才智，2021(30):124-126.

[99] 刘超，赵嘉，郭白雪.京津冀人才一体化发展的协同机制与对策研究[J].太原城市职业技术学院学报，2019(10):11-15.

[100] 彭黎.京津冀人才一体化协作实施状况分析[J].北京劳动保障职业学院学报，2014, 8(3):33-38.

[101] 边婷婷.京津冀一体化 R&D 人才流动研究[J].北京联合大学学报（自然科学版）.2015, 29(2):88-92.